LOW FAT 30

SÜSS UND VERFÜHRERISCH

Gabi Schierz · Gabi Vallenthin

Low Fat 30

Süss und verführerisch

FALKEN

Inhalt

Was genau ist LOW FETT 30?

Kurz und bündig

LOW FETT 30 ist ein Programm, das die beiden Faktoren, die unser Körpergewicht bestimmen, also die Energiezufuhr und den Energieverbrauch, verändern will. Wir drosseln die Energiezufuhr auf der Seite der Fette in einen bekömmlichen Bereich und steigern gleichzeitig den Energieverbrauch durch regelmäßigen Ausdauersport, der auch für total untrainierte, sogar stark übergewichtige Einsteiger (leicht) zu bewältigen ist.

Zur Energiezufuhr

Die Fettformel

Hätten Sie's gewusst? Die Mischung macht's. Die Mischung aus Fetten, aus Kohlenhydraten und aus Eiweiß. Eine gesunde Mischung liegt bei maximal 30% der Kalorien aus Fett, 50 und mehr Prozent der Kalorien aus Kohlenhydraten und bis zu 15% der Kalorien aus Eiweiß.

Wer sich an dieses Mischungsverhältnis hält, lebt gesund und beugt ernährungsbedingten Krankheiten vor. Das ist eine Empfehlung der Deutschen Gesellschaft für Ernährung. Und: Übergewichtige nehmen ab, wenn sie diese Empfehlung bei ihrer Ernährung beherzigen und umsetzen.

Die zugeführte Energie, also Ihre Nahrung, soll demnach zu maximal 30% aus Fettkalorien bestehen.

Das rechnet man so:

$$\frac{\text{g Fett x 9 kcal x 100}}{\text{Gesamtkalorien}} = \text{\% kcal aus Fett}$$

Auf vielen Fertiggerichten und Zutaten finden Sie mittlerweile eine Nährwertangabe. Daraus entnehmen Sie die Gramm Fett pro 100 g/pro Portion und die Gesamtkalorien pro 100 g bzw. pro Portion und setzen diese in obige Formel ein. Da 1 Gramm Fett 9 Kalorien liefert, wird der Fettgehalt mit 9 multipliziert.

Jetzt müssen Sie noch einen Taschenrechner zur Hand nehmen, die Fettkalorien ausrechnen und schon wissen Sie, ob das jeweilige Gericht zum Abnehmen und gesünder Leben geeignet ist.

Ein Beispiel

Wenn Sie schon einige Diäten hinter sich gebracht haben und mehr oder weniger auf Ihre Figur achten müssen – es gibt wirklich Menschen, die können unbekümmert essen, essen, essen –, dann werden Sie bestimmte Nahrungsmittel schon seit Jahren nicht mehr gekauft haben.

Ein solches Nahrungsmittel ist für mich immer Nutella gewesen. Ich bin verrückt nach diesem Zeug und habe es mir früher tapfer verkniffen. Von wenigen Ausrutschern in Hotels oder bei Einladungen zum Brunch abgesehen. So weit so gut! Dann habe ich folgende Entdeckung gemacht:

Wenn Sie 20 g Nutella (der Inhalt einer Portionsdose, wie Sie sie im Hotel oder in Restaurants bekommen) auf ein Brötchen streichen (und die Butter weglassen), dann ist dieses Brötchen LOW FETT 30. Das heißt, Sie können auch jeden Tag mit einem Nutellabrötchen beginnen. Soviel zum Thema: Die Mischung macht's.

(Dreimal dürfen Sie raten, was ich mir gekauft habe, als ich das durchgerechnet hatte!)

Die Nährstoffe

Kohlenhydrate

Kohlenhydrate sind für die Bereitstellung kurzfristig verfügbarer Energie verantwortlich. In Blut und Leber werden Kohlenhydrate in Form von Glucose bereitgestellt, die Muskeln speichern Kohlenhydrate als Glykogen. Kohlenhydrate machen satt, glücklich und zufrieden. 1 Gramm hat etwa 4 kcal, und wenn Kohlenhydrate über den Bedarf des Körpers hinaus gegessen werden, kostet der Umbau in Fett 25% der zugeführten, überschüssigen Energie.

Kohlenhydrate sind Hauptbestandteil von Mehlen, Zucker und wesentlicher Baustoff in Obst und Gemüse. Nahezu alle Backrezepte enthalten Mehl und Zucker, von den wenigen reinen Nuss- oder Mandelrezepten abgesehen.

Eiweiß

Eiweiß liefert den Grundbaustoff für die meisten Körperzellen: die Aminosäuren. Sie sind u.a. nötig für die Bildung von Enzymen, Hormonen und Muskelfasern. Auch Eiweiß muss erst aufwendig umgebaut werden, bevor es als langfristiger Energiespeicher des Körpers ins Fettgewebe übernommen werden kann. Die Empfehlung lautet: nicht mehr als 15% der Energie aus Eiweiß zu sich zu nehmen, da ein Übermaß die Nieren belastet und langfristig schädigt.

Es steckt im Eiklar der Eier, in Milch, Joghurt und in allen anderen Milchprodukten. Gerade Joghurt ersetzt uns sehr oft das im Originalrezept angegebene Fett.

Fette

Zu viel Fett macht Fett, aber ohne geht es auch nicht. Einige lebenswichtige ungesättigte Fettsäuren, können wir nicht selber bilden, sondern müssen sie über die Nahrung zuführen. Fett wird u. a. benötigt, um bestimmte Vitamine aus der Nahrung zu lösen (z. B. Vitamin A) und es schützt Organe.

Fett steht im Verdauungsprozess an letzter Stelle, eine intelligente Einrichtung der Natur. Denn überschüssige Energie aus Fett kann direkt in die Fettzellen eingelagert werden.

Nicht mehr als 30 % der Energie aus Fett lautet die Empfehlung und das haben wir in allen Rezepten konsequent umgesetzt. Traditionelle Bäcker verwenden Butter, Margarine, Schmalz, Öl, Kokosfett und Eigelb – um nur einige Zutaten zu nennen – und das auch noch in satten Mengen. Die meisten Rezepte basieren zu einem guten Stück auf der Verwendung von reinen Fetten – wobei wir das mittlerweile mehr als Tradition verstehen, denn als Notwendigkeit. Da Fett bei Kuchen und Desserts weniger den Geschmack als vielmehr die Konsistenz selbst beeinflusst, kann man gut mit Ersatzstoffen wie Joghurt, cremigem Quark oder aufgeschlagenem Eiweiß arbeiten.

Hochkarätige und oft unterschätzte Fettlieferanten sind Nüsse und Kerne in jeder Form – deshalb setzen wir sie beim Backen sehr sparsam ein, obwohl so ein Nusskuchen schon eine ziemlich leckere Angelegenheit ist. Von der dicken Kokosnuss bis zum Mohnhörnchen verwenden wir diese Energielieferanten in homöopathischen Dosen.

Gerade unsere heimischen Kerne und Nüsse, wie Haselnuss oder Sonnenblume, liefern erstklassiges und hochwertiges Pflanzenfett – allerdings nur im Rohzustand. Bei hohen Temperaturen gehen die meisten Vitamine verloren und ungesättigte Fettsäuren sättigen sich durch das Erhitzen.

Also: Wenn Ihnen die hochwertigen Pflanzenfette bei Nüssen und Kernen wichtig sind, sollten Sie die Nüsse separat essen – als kleinen Energiesnack für nette Tage. Schokolade erteilen wir hiermit als Backzutat sogar etwas Absolution. Denn Bitterschokolade enthält nur rund 50 % der Kalorien aus Fett. Eingebaut in ein Rezept mit Mehl, Zucker, Eiweiß, Joghurt usw. relativiert sich dann der Fettanteil. Dennoch: Jedes Gramm soll gewogen werden. Die lockere Bewegung aus dem Handgelenk zum Streuen von Schokoflocken ist zwar zeitsparend, aber zu ungenau.

Zum Energieverbrauch

Der JoJo-Effekt

Unsere bundesdeutsche Durchschnittsernährung hat mehr als 50% der Kalorien aus Fett – und deswegen kämpfen wir mit Speckröllchen und unserem Hosenbund. Deswegen müssen wir auch so viele Diäten machen – jedes Frühjahr eine Neue und im Sommer für die Traumfigur noch eine extra; alles Diäten, die in der Regel nicht nur nerven und den Geldbeutel strapazieren, sondern dazu führen, dass wir – über den JoJo-Effekt – langfristig sogar mehr wiegen als vorher. Wir nehmen immer ab und nehmen dann auch genauso planmäßig wieder zu.

Das hat zwei Ursachen. Einerseits verändert eine kurzfristige Diät, mit Ernährungsplan und Kalorienzählen, noch nicht unser jahrelang gewohntes Essverhalten. Zum anderen lernt unser Körper bei jeder Diät, die zugeführte Nahrung besser zu verwerten, wird vom 10 l Sport-Motor zum 5 l Mager-Motor und die Folge davon: Wir kommen von Diät zu Diät mit immer weniger Nahrung aus – oder werden bei gleichem Kalorienangebot immer dicker.

Die Fettverbrennung ankurbeln

Nehmen wir das Bild vom Motor noch einmal zuhilfe.

Was müssen Sie tun, um richtig viel Benzin durch den Auspuff Ihres Autos zu jagen? Sie müssen fahren, wie die wilde Hilde!

Und wenn Ihr Motor das nicht hergibt, müssen Sie ihn entsprechend tunen lassen. Vom Käfer zum Porsche.

Damit wir viele Kalorien verbrennen, müssen wir unsere Maschinerie ebenfalls tunen: Gas geben, in allen Lebenslagen. Also runter vom Sofa, rein in die Turnschuhe – und mal ein bisschen auf die Piste gehen. Keine Sorge: Sie sollen nicht zum Hochleistungssportler werden (Porsche, nicht Formel-1-Ferrari!!), sondern Sie sollen Ausdauersport machen, der dafür sorgt, dass Sie Fett verbrennen. Ausdauersportarten, die auch für Anfänger geeignet sind, sind:

- Walken – also schnelles Gehen, zur Not auch auf dem Laufband im Studio
- Fahrradfahren
- Cardio-Spinning
- Inline-Skates fahren
- Schwimmen
- Skilanglauf

Das optimale Maß finden

Sie kommen, wenn Sie es richtig machen, auch nicht so höllisch aus der Puste, wie wir das vom Sportunterricht noch kennen. Richtig angepackt macht Ausdauersport totalen Spaß.

„Richtig“ heißt: Ihre persönliche Kondition ist der Maßstab für Ihr Training. Sind Sie bislang ein „Couch-Potato“ gewesen, dürfen Sie jetzt nicht wie eine Wilde losjoggen, da würde Ihr Körper rebellieren: mit Muskelkater, Müdigkeit und schlechter Laune.

Wir wollen aber gute Laune, mehr Muskeln und viel Spaß. Also, immer langsam mit den jungen Pferden!

Besorgen Sie sich deshalb in jedem Fall ein Pulsfrequenz-Messgerät. Das sieht aus wie eine ganz normale Uhr fürs Handgelenk (man kann auch die Zeit ablesen!), und dazu gibt es einen Gurt, den Sie unterhalb der Brust tragen, damit dort zuverlässig Ihr Puls gemessen werden kann.

Der ideale Pulswert für die Fettverbrennung liegt bei etwa 130 Schlägen pro Minute. Wenn Sie jetzt Ihr Rad packen, zum Walken mit dem Hund aufbrechen oder die Inliner anschnallen, dann machen Sie so viel (oder so wenig...), dass Sie diesen Wert erreichen, halten und da bleiben. Und das mindestens 30 Minuten, 60 Minuten sind viel besser, 1,5 Stunden ideal und 2 Stunden fantastisch (aber meistens Theorie!).

Sie werden merken, dass Sie mit der Zeit immer mehr tun müssen, um die 130er Frequenz noch zu erreichen, denn Sie bauen mit jedem Training Fitness auf. Dennoch ist die subjektive Anstrengung gleich: Bei einer 130er Pulsfrequenz kann man sich nämlich gerade noch unterhalten, beginnt am ganzen Körper gleichmäßig zu schwitzen, kommt aber fröhlich und nicht völlig fertig vom Sport.

Tragen Sie auch im Fitnessstudio einen Pulsmesser. Denn nur mit Pulsmesser können Sie erkennen, ob Sie wirklich Fortschritte machen und nur so können Sie vermeiden, dass Sie sich bei Aerobic- oder Step-Aerobic-Stunden überanstrengen.

Bei 180er Puls auf dem Laufband hechelnd zu joggen, wie Sie das in vielen Fitnessstudios sehen können, ist völliger Schwachsinn: Denn dabei wird nicht proportional mehr Fett verbraucht, sondern nur noch der Körper völlig übersäuert.

Ein gutes, zuverlässiges Pulsfrequenz-Messgerät (z. B. von Polar) kostet ab 200 DM. Die Geräte mit der Bezeichnung „OWN ZONE“ kosten ab 300 DM und geben Ihnen sogar jeden Tag nach einer kurzen Testphase Ihre individuelle Belastbarkeit und Ihren Trainingsbereich an. Wenn Sie mal darüber nachdenken, wie viel Geld Sie in Diäten, Pülverchen und Pillen, mehrere Konfektionsgrößen, Kuren und Abnehm-Clubs schon investiert haben, sind 300 DM endlich richtig angelegt!

LOW FETT 30 und süße Gerichte

Kaum zu glauben, LOW FETT 30 funktioniert auch mit süßen Hauptgerichten, Desserts und Kuchen. Dabei kommt es nicht auf die Menge an, sondern auf die Zusammensetzung der Rezepturen.
Wenn Sie unsere Rezepte durchprobieren, werden Sie schnell merken: Wir süßen deutlich weniger als üblich – unsere Kuchen und Desserts sind zwar süß, aber längst nicht so klebrig wie Sie das vielleicht kennen. Und wenn Sie schon länger LOW FETT 30 machen und ein höheres Körperbewusstsein entwickelt haben, dann werden Sie von sich aus weniger Zucker verwenden.

Warum kann man mit Zucker abnehmen?

Grundvoraussetzung, dass LOW FETT 30 funktioniert, ist die Vorgabe: Sattessen, aber nicht vollfressen. Sie erinnern sich: 1 Gramm Fett liefert 9 Kalorien, 1 Gramm Kohlenhydrate nur 4 Kalorien. Mit der gleichen Menge an Fett nehmen wir also mehr als doppelt so viel Kalorien zu uns. Darüber hinaus kann unser Körper Nahrungsfett relativ „bequem" in unsere Fettzellen einlagern.
Im Gegensatz dazu benötigt er bei Kohlenhydraten (Zucker) zusätzliche Energie, um daraus Körperfett aufzubauen. Das heißt, auf diesem Wege wird ein Teil der Kohlenhydrat-Kalorien schon verbraucht. Wenn wir dann noch auf Kohlenhydrate mit hohem Ballaststoffanteil zurückgreifen (Obst, Gemüse, Vollkornprodukte), wird die Bilanz immer besser: Denn Ballaststoffe sättigen gut, liefern aber kaum zusätzliche Kalorien. Also lautet die Empfehlung: Kohlenhydrate in ihren vielfältigen Varianten essen.
Der Umstand, dass wir im Rahmen von LOW FETT 30 nicht dazu raten, auf Süßigkeiten zu verzichten, bedeutet nicht, dass wir gleichzeitig einen Freibrief für schaufelweisen Zuckerkonsum erteilen. Zucker liefert „leere" Kalorien, das heißt nichts außer Kalorien: keine Vitamine, keine Mineralstoffe. Darüber hinaus verursacht Zucker Karies. Denoch: Bei der Entscheidung „Zucker oder Fett" ist „Zucker" für unsere Figur besser.

Tipps für die Naschkatzenküche

Schmecken LOW FETT 30-Süßigkeiten überhaupt?

Erste Reaktion von den „normalen" Essern: „Ooch, das ist ja unheimlich frisch". Vor allem ist es viel gesünder als die fette Verwandtschaft.

Wenn die Nachfrage nach LOW FETT 30 Produkten weiterhin so steigt, ist es nur eine Frage der Zeit, bis erste Neuentwicklungen auf den Markt kommen. Denn fettarme Produkte werden gerne gekauft – vorausgesetzt, sie schmecken. Und dass sie das tun, davon kann sich jeder anhand unserer Rezeptvorschläge überzeugen. Unsere Quark- und Joghurttorten, um nur ein Beispiel zu nennen, finden wir erheblich besser als die Sahnevarianten – keine Angst vor der Verwendung der Gelatine: Die Rezepturen sind so ausgelegt, dass Ihnen der Kuchen nicht zusammenfällt. Wichtig ist aber, dass Sie die Masse, in der Sie die Gelatine aufweichen, nicht zuckern!

Das Ziel des LOW FETT e.V. ist, dass Lebensmittelhersteller, Sportstudios, Kantinen und Restaurants, Hotels und Supermärkte ihre LOW FETT 30-Angebote kennzeichnen. Einheitlich mit unserem Label, damit Sie wie bei einer Ampel auf Grünphase einkaufen und essen können. Wenn Sie uns dabei unterstützen wollen, fragen Sie einfach die Unternehmen, die für Sie wichtig sind (also Ihr Lieblingsrestaurant und Ihren Supermarkt, Ihr Fitnessstudio und Ihren Konditor), ob Sie nicht bei LOW FETT 30 mitmachen wollen und geben Sie unsere Adresse und Telefonnummer weiter. Danke.

LOW FETT e.V.
c/o Ritter Marketing Services
Sophienstr. 21
D-41065 Mönchengladbach
Telefax: 0 21 61/48 18 78
http://www.lowfett.de

Süßigkeiten beim Einkauf

Traditionsgemäß enthalten industriell hergestellte Backwaren und nach klassischen Rezepten gemachte Kuchen meist mehr als 50% der Kalorien aus Fett. Dabei gibt es genügend süße Leckereien, die LOW FETT 30 sind. Und dazu auch noch besser schmecken als ihre Ursprungsvariante.
Die Liste an fertigen Süßigkeiten ist lang: Gummibärchen und ihre Freunde sind alle LOW FETT 30, dazu die meisten Schaumwaffelerzeugnisse – aber VORSICHT – nicht alle. Falls Sie hierzu mehr Information haben möchten, sollten Sie sich die LOW FETT 30-Nährwerttabelle am Ende des Buches anschauen. Hier erfahren Sie auch, welchen Süßigkeiten Sie den Vorzug geben sollten, wenn Sie beispielsweise an der Tankstelle der Hunger nach Süßem überfällt und Sie aus dem Riesenangebot wählen sollen. Man kann ja durch eine kleine Umorientierung die tollsten Resultate erzielen.

Der Naschkatzen-Vorratsschrank

Sie wollen jederzeit in der Lage sein, sich etwas leckeres Süßes zu backen oder zu kochen?
Hier die Produkte, die Sie dann immer im Haus haben sollten:

- Fettarme Milch (1,5% Fett)
- Mehl (verschiedene Sorten steigern das Geschmackserlebnis)
- Dosenpfirsiche und Dosenananas
- Schattenmorellen im Glas
- TK-Himbeeren
- Zitronen bzw. Zitronensaft
- frische Eier
- Magerjoghurt (0,1% Fett)
- Magerquark (0,2% Fett) – am besten beides
- Haferflocken
- Zucker (probieren Sie mal Rohrzucker oder raffinierte Süßungsmittel wie Agavendicksaft, Honig oder Birnendicksaft)
- Butteraroma (z. B. von Spinnrad)
- diverse Aromen (z. B. von Dr. Oetker)
- Puddingpulver, Vanille und Schokolade
- Gelatine
- Tortenguss rot oder klar

Dann sind Sie für alle Happenings gerüstet – von Hauptgerichten über leckere Desserts steht Ihnen das Schlemmerland offen.

LOW FETT 30-Tipps zum Backen

Verwenden Sie nach Möglichkeit hochwertige Backformen, die Sie nur ganz dünn mit Fett einschmieren müssen, wenn überhaupt. Bei Springformen reicht es aus, den Boden mit Backpapier zu belegen und einzuspannen. Ein zusätzliches Bestreichen der Seitenwand ist nicht erforderlich.

Wenn Sie eine Kastenform verwenden, dann stippen Sie etwas Küchenpapier in die Margarine und wischen Sie damit die Form aus. Mit einem Pinsel können Sie sie nicht so fein verteilen (außer Sie machen die Margarine heiß, aber das dauert ja wieder!).

Für Muffins sollten Sie sich ein Muffins-Backblech mit 18 Vertiefungen oder eben entsprechend kleinere einzelne Bleche holen und die Vertiefungen nicht fetten sondern hier ein Papierförmchen einlegen. Das sieht nett aus, hält das Gebäck länger frisch und braucht kein Fett. Backbleche für Zwetschgendatschi und Konsorten belegen Sie ebenfalls am besten großzügig mit Backpapier. Das erleichtert Ihnen vor allem das Säubern des großen Bleches – und erhält Ihnen auf diesem Wege den Spaß am Backen.

Gerade Hefeteig kann man gut fertig kaufen. Achten Sie nur darauf, dass im Zutatenverzeichnis keine Form von Fett aufgelistet ist. Falls zudem dann noch eine Nährwertangabe fehlt, sollten Sie besser verzichten.

Toll, wenn Sie Vollwertmehle einkaufen. Gerade Buchweizenmehl ist für Backwaren, die später mit Obst kombiniert werden, wunderbar geeignet. Das gilt vor allem für Biskuitböden, denn Buchweizenmehl sorgt dafür, dass ein Obstkuchenboden zwar weich und schmatzig ist, aber sich nicht mit Obstsaft so vollsaugt wie ein Weizenmehlteig.

Probieren Sie es einfach mal selbst aus.

Häufige Fragen aus unseren Kursen und Seminaren

Enthalten alkoholische Getränke Fett?
Alkohol setzen wir sparsam ein, denn Alkohol hat zwar kein Fett, blockiert aber den Stoffwechsel in der Leber so lange bis er abgebaut ist. Da pro Stunde nur etwa 0,1 Promille abgebaut werden, können Sie sich ausrechnen, wie viel Stunden Ihre Verdauung lahmgelegt wird – und dabei haben wir jetzt noch nicht über die zusätzlichen (leeren) Kalorien gesprochen, die Alkohol auch noch mitbringt. Für die Nährwertangaben haben wir deshalb die Gramm Alkohol der Einfachheit halber wie Gramm Fett gerechnet.
Gegen ein gelegentliches Glas Bier, Gläschen Sekt oder Wein ist nichts einzuwenden, aber auch hier gilt: Den Konsum für die persönlichen kleinen Orgien reservieren.
Trinken Sie aber an mindestens 4 Tagen in der Woche gar keinen Alkohol. Vom täglichen Glas Bier bis zum (Wohlstands-) Alkoholiker ist es nur ein winziger Schritt.

30 % Fettkalorien pro Gericht oder pro Tag?
Alles, was Sie essen, sollte nicht mehr als 30 % der Kalorien aus Fett haben. Es geht um den PROZENTUALEN Fettanteil, eine Addition des Fettes in Gramm ist nicht nötig, eine Addition der Fettprozente mathematisch falsch.

Ich kann keinen Sport machen, was tun?
Wenn Sie Asthma haben, Bandscheibenprobleme oder kaputte Knie ist Sport schwierig. ABER: Sprechen Sie in jedem Fall mit Ihrem Arzt. Fast jede Erkrankung verbessert sich, wenn die körperliche Konstitution verbessert wird. Mehr Sauerstoff, mehr Muskeln, geschmeidigere Gelenke – gerade bei Gelenkproblemen ist es nötig, Muskulatur aufzubauen, um die Gelenke zu schonen und zu unterstützen. Bewegung ohne Muskulatur ist wie Autofahren auf Felgen – deswegen: Muskelaufbau ist in den seltensten Fällen falsch.

Ich habe Diabetes, darf ich LOW FETT 30 essen?

LOW FETT 30 ist ein Programm für Menschen mit gesundem Stoffwechsel. Wenn Sie Ihre Ernährung auf LOW FETT 30 umstellen wollen, machen Sie diese Entscheidung vom Rat Ihres behandelnden Arztes ab. Diabetiker sollen zwar grundsätzlich ebenfalls Fett reduzieren und die Zuführung von Zucker über die Nahrung wird heute nicht mehr so problematisch bewertet wie noch vor 10 Jahren.

DENNOCH: IHR ARZT HAT HIER DAS SAGEN – Selbstversuche auf eigene Faust unbedingt lassen!!!!

Muss ich mich stur an die Rezepturen halten?

Viele der Rezepte, die wir Ihnen in diesem Buch vorstellen, werden Ihnen vertraut sein. Oft haben wir nur die Fette wie Butter, Margarine oder Öl gegen Joghurt und Quark ausgetauscht. Das funktioniert übrigens auch bei den meisten Backmischungen; treue Leser unserer LOW FETT 30-Bücher wissen das längst.

Es ist einfach die Mischung der einzelnen Elemente, auf die es bei LOW FETT 30 ankommt.

Betrachten Sie unsere Rezepturen immer als Vorschläge. Es ist überhaupt kein Problem, Mango mal gegen Kiwis auszutauschen, Erdbeeren gegen Himbeeren, Blaubeeren gegen Brombeeren, Äpfel gegen Birnen. Auch an Vorgaben wie Buttermilch oder Kefir müssen Sie sich bei Shakes z.B. nicht sklavisch halten. Hauptsache, Sie übersteigen den Fettprozentanteil beim Austauschprodukt nicht.

LOW FETT 30 beflügelt richtig die Fantasie – kreativ kochen macht Spaß, vor allem, wenn es auch noch so gesund und so bekömmlich ist.

Muss alles, was ich esse, LOW FETT 30 sein?

Sie sollten gerade am Anfang nur Gerichte essen, die LOW FETT 30 sind. Und nur Dinge in den Mund schieben, die nicht mehr als 30 % der Kalorien aus Fett haben. Es spielt keine Rolle wie viele Mahlzeiten Sie zu sich nehmen, solange Sie nur essen, wenn Sie Hunger haben und alle Mahlzeiten LOW FETT 30 sind.

Und es ist genau so einfach, wie es hier beschrieben ist:

- KEINE Diätpläne
- KEINE Kalorien zählen
- KEINE Mini-Portionen
- KEINE schlechte Laune
- und KEINE Mehrkosten.

Denn: Es gibt genügend ganz normale Gerichte, im Supermarkt, als Tiefkühlkost oder Fast Food, die von sich aus und ohne Veränderung der Rezepturen LOW FETT 30 sind.

Wie viele Kalorien darf ich pro Tag essen?

Sie müssen keine Kalorien zählen. Lernen Sie stattdessen, auf Ihr Hungergefühl zu achten und Ihr Gefühl für satt. Wenn Sie stark übergewichtig sind, kennen Sie sicher nur „Appetit" und „Voll" – das ist bei nahezu allen Leuten so, die mit ihrem Gewicht zu kämpfen haben. Man kann aber wieder lernen, Hunger und Sättigung zu fühlen.

Der erste Schritt dazu ist, dass Sie erst essen, wenn Sie Hunger haben – nicht, weil Ihre Kollegen zum Essen gehen oder Ihre Kinder jetzt etwas essen möchten.

Und wenn Sie Hunger haben, essen Sie. Essen Sie dann LOW FETT 30-Produkte und Gerichte. So viel, bis Sie satt sind. Und wenn Sie wieder Hunger bekommen, essen Sie wieder – das kann auch mal mitten in der Nacht sein – und hören Sie auf, wenn Sie satt werden.

Sind alle Produkte, auf denen „fettarm", „Diät" oder „light" draufsteht auch LOW FETT 30?

Die Bezeichnungen beziehen sich auf das jeweilige Ursprungsprodukt: Die fettarme „Fälschung" muss 40% weniger Fett haben als ihr Original. Wenn aber das Original Salami, Butter oder Delikatessensalat ist, enthält die fettarme Version immer noch viel zu viel Fett, um zu den LOW FETT 30-Produkten zu gehören. Bei „Diät" handelt es sich überwiegend um Diabetiker-Produkte: Sie haben die gleiche Menge Fett (und ebenso viele Kalorien) wie das Original, lediglich der normale Zucker wurde durch Fruchtzucker ersetzt.

Der Begriff „light" kann sich auf den Fett- oder den Zuckergehalt beziehen. Man findet „light" häufig bei Milchprodukten oder Erfrischungsgetränken. Also besser genau auf die Zutatenliste schauen.

Hinweise zu den Rezepten

Naschkatzen-Spezial-Tipp
Alle, die leidenschaftlich gerne essen, sind echte Spezialisten im Optimieren von Rezepten. Also noch ein bisschen was obendrauf für das ultimative Geschmackserlebnis. Wer gerne bäckt und kocht, kennt diese Specials – wir haben in unseren Rezepten dann auch deutliche Hinweise dazu gemacht.

Zubereitungszeiten
Hier steht die Zeit, die Sie benötigen, um das ganze Gericht zuzubereiten. Sollten dabei längere Zeitspannen auftreten, in denen Sie nichts zu tun haben, so haben wir diese gesondert z. B als Kühlzeit aufgeführt.

Kalorien- und Nährwertangaben
Sie beziehen sich immer auf 1 Portion des Gerichts. Die Prozentangabe steht für Fettkalorienprozent.

Zutaten
In unseren Rezepten verwenden wir ausschließlich Eier der Gewichtsklasse M, und bei Milch die 1,5%-Variante, bei Quark und Joghurt die Magerversionen. Entsprechend sind unsere Nährwertangaben gerechnet.

Zutatenmengen
Wenn nicht andes angegeben, gehen wir bei Obst und Gemüse von ungeputzter Rohware aus. Bei Stückangaben (z. B. 1 Apfel) beziehen wir uns auf ein Stück mittlerer Größe.

Backofentemperaturen
Sie beziehen sich auf den Elektroherd mit Ober- und Unterhitze. Wenn Sie mit Umluft arbeiten, reduzieren Sie die Temperatur um 20%. Die Backzeit bleibt gleich.

Die Abkürzungen

TL	=	Teelöffel (gestrichen)
EL	=	Esslöffel (gestrichen)
Msp.	=	Messerspitze
getr.	=	getrocknet
g	=	Gramm (1000 g = 1 kg)
kg	=	Kilogramm
ml	=	Milliliter (1000 ml = 1 l)
l	=	Liter
kcal	=	Kilokalorien (oder einfach: Kalorien)
i. Tr.	=	in Trockenmasse
ca.	=	circa
°C	=	Grad Celsius
TK	=	Tiefkühl...
ø	=	Durchmesser

Rezepte

Sich mit süßen Leckereien verwöhnen und trotzdem abnehmen: Auf den folgenden Seiten finden Sie Rezepte, mit denen das möglich ist.

Kleines Gebäck, Shakes & Saucen

Müsli-Muffins

Ergibt 18 Stücke
Zubereitungszeit: ca. 15 Minuten
Backzeit: ca. 25 Minuten
ca. 140 kcal · 2 g Fett · 13 %

140 g Zucker
1 TL Backpulver
1 Prise Salz
1 Ei
120 ml Milch (1,5 % F.)
300 g Joghurt (1,5 % F.)
260 g Vollkornmehl
180 g Früchtemüsli

1. Den Backofen auf 180 °C vorheizen und das Muffinblech mit Papierförmchen ausfüllen.
2. Den Zucker, Backpulver, Salz, Ei, Milch und den Joghurt gut miteinander verrühren, bis sich der Zucker gut gelöst hat. Nun das Mehl und das Früchtemüsli einrühren.
3. Den Teig gleichmäßig auf die Muffinförmchen verteilen und auf mittlerer Schiene 25 Minuten backen.

Aprikosen-Haferflocken-Muffins

Ergibt 18 Stücke
Zubereitungszeit: ca. 15 Minuten
Backzeit: ca. 25 Minuten
ca. 130 kcal · 2 g Fett · 14 %

150 g reife Aprikosen
140 g Zucker
2 TL Backpulver
1 Prise Salz
2 Eier
400 g Joghurt (1,5 % F.)
260 g Vollkornmehl
100 g Haferflocken

1. Den Backofen auf 180 °C vorheizen und das Muffinblech mit Papierförmchen auslegen.
2. Die Aprikosen entsteinen und in rosinengroße Stücke schneiden.
3. Den Zucker, Backpulver, Salz, Eier und den Joghurt gut miteinander verrühren, bis sich der Zucker restlos gelöst hat.
4. Das Mehl und die Haferflocken unterrühren und die Aprikosenstückchen zugeben.
5. Den Teig gleichmäßig auf die Muffinförmchen verteilen und auf mittlerer Schiene 25 Minuten backen.
(auf dem Foto)

TIPP:
Wenn Sie mal keine Lust und keine Zeit haben, Muffins nach Rezept zu backen, können Sie die kleinen Törtchen auch aus Backmischungen herstellen. Ersetzen Sie einfach das Fett durch die 1,2fache Menge Joghurt und einen Löffel Grieß – besonders saftig und fruchtig werden diese Muffins, wenn Sie in jedes Förmchen noch 5 Blaubeeren, 3 Kirschen, 3 Würfelchen Apfel oder ein Stückchen rosa Grapefruit stippen.

Lemon-Muffins

Ergibt 18 Stücke
Zubereitungszeit: ca. 15 Minuten
Backzeit: ca. 20 Minuten
ca. 140 kcal · 4 g Fett · 26 %

Für den Teig:
280 g Joghurt (1,5 % F.)
110 g Zucker
280 g Mehl
2 TL Backpulver
1/2 TL Salz, 1 Ei
60 ml Pflanzenöl
1 Päckchen Bourbon-Vanillezucker
1 Päckchen Citroback

Für die Glasur:
60 g Puderzucker
1 EL Zitronensaft

1. Den Backofen auf 180 °C vorheizen und das Muffinblech mit Papierförmchen auslegen.
2. Den Joghurt mit dem Zucker verrühren, bis sich der Zucker gelöst hat.
3. Das Mehl, Backpulver, Salz, Ei, Öl, Vanillezucker und Citroback ebenfalls zugeben und gründlich verrühren.
4. Den Teig gleichmäßig auf die Muffinförmchen verteilen und auf mittlerer Schiene 20 Minuten backen.
5. Für die Glasur den Puderzucker mit dem Zitronensaft in einer Tasse verrühren und die ausgekühlten Muffins damit dick bestreichen.

VARIATION:
Ein Stückchen Zitronat obendrauf!

TIPP:
In ihren kleinen Papierhütchen halten sich Muffins länger als normaler Kuchen, lassen sich einfacher portionieren und sehen dazu noch sehr dekorativ aus.

Weizenkleie-Muffins

Ergibt 18 Stücke
Zubereitungszeit: ca. 15 Minuten
Backzeit: ca. 25 Minuten
ca. 140 kcal · 2 g Fett · 13 %

50 g Zucker
2 TL Backpulver
1 Prise Salz
2 Eier
240 ml Zitronen-Buttermilch
140 g Joghurt (1,5 % F.)
120 g Akazienhonig
130 g Apfelkraut
170 g Vollkornmehl
250 g Weizenkleie
150 g Rosinen

1. Den Backofen auf 180 °C vorheizen und das Muffinblech mit Papierförmchen auslegen.
2. Den Zucker, Backpulver, Salz, Eier, Buttermilch und den Joghurt gut miteinander verrühren, bis sich der Zucker restlos gelöst hat.
3. Den Honig und das Apfelkraut unterrühren. Das Mehl und die Weizenkleie einrühren und die Rosinen zugeben.
4. Den Teig gleichmäßig auf die Muffinförmchen verteilen und auf mittlerer Schiene 25 Minuten backen.

VARIATION:
Anstelle der Rosinen nicht zu klein geschnittene Apfelstückchen unter den Teig heben.

Mocca-Muffins

Mocca-Muffins

Ergibt 18 Stücke
Zubereitungszeit: ca. 15 Minuten
Backzeit: ca. 20 Minuten
ca. 120 kcal · 4 g Fett · 30 %

160 g Zucker
2 TL Backpulver
1/2 Tasse Espresso oder lösl. Kaffeepulver
1 Msp. Zimt
1/2 TL Salz
2 Eier
240 ml Milch (1,5 % F.)
1 Päckchen Bourbon-Vanillezucker
140 g Joghurt (1,5 % F.)
100 g Schokoraspel (Bitterschokolade)

1. Den Backofen auf 180 °C vorheizen und das Muffinblech mit Papierförmchen auslegen.
2. Zucker, Backpulver, Kaffeepulver, Zimt, Salz, Eier, Milch, Vanillezucker und den Joghurt gut miteinander verrühren, bis sich der Zucker restlos gelöst hat.
3. Das Mehl und die Schokoraspel unterrühren.
4. Den Teig gleichmäßig auf die Muffinförmchen verteilen und im Ofen auf mittlerer Schiene etwa 20 Minuten backen.

TIPP:
Falls Sie Schokoüberzug lieben, können Sie von der Raspelschokolade nur die Hälfte in den Teig rühren und den Rest auf den Muffins verteilen.

Honigkuchen

Ergibt 20 Stücke
Zubereitungszeit: ca. 30 Minuten
Wartezeit: 3–4 Stunden
ca. 200 kcal · 5 g Fett · 23 %

250 g Honig
100 g Butter
130 g Zucker
1 Ei
500 g Mehl
1 TL Backpulver
1 EL Lebkuchengewürz
1 Prise Salz

1. Den Honig, Fett und Zucker in einem Topf unter Rühren erhitzen, bis der Zucker gelöst ist, lauwarm abkühlen lassen.
2. Das Ei unter die Honigmasse rühren. Das Mehl, Backpulver, Lebkuchengewürz und Salz mischen, nach und nach zufügen und den Rest mit der Hand unterkneten. Den Teig abdecken und 3–4 Stunden ruhen lassen.
3. Den Backofen auf 180 °C vorheizen und ein Backblech mit Backpapier belegen.
4. Anschließend den Teig ½ cm dick ausrollen, in 2 cm breite und ca. 6 cm lange Streifen schneiden. Die Streifen auf das Blech legen und ca. 12 Minuten auf mittlerer Schiene backen.

TIPP:
Nach dem Backen können Sie die erkalteten Honigkuchen mit Zuckerguss verzieren.

Apfelmusbrot mit Ahornsirupglasur

Ergibt 12 Stücke
Zubereitungszeit: ca. 40 Minuten
Backzeit: ca. 55 Minuten
ca. 340 kcal · 11 g Fett · 30 %

Für den Teig:
2 Eier
210 g Zucker
3 EL Milch (1,5 % F.)
½ TL Salz
1 TL gemahlener Zimt
¼ TL geriebene Muskatnuss
60 g Butter
240 g Apfelmus
100 g gehackte Walnusskerne
280 g Mehl
2 TL Backpulver

Für die Glasur:
1 EL weiche Butter
220 g Puderzucker
¼ TL Salz
½ TL Vanillearoma
1 EL Milch
2 EL Ahornsirup

1. Den Backofen auf 180 °C vorheizen. Eine Kastenform (Länge 22 cm) mit Butter oder Margarine ausfetten und leicht mit Mehl bestäuben.
2. Für den Teig die Eier trennen und das Eiweiß steif schlagen.
3. Die Eigelbe mit dem Zucker schaumig rühren und nach und nach die restlichen Zutaten für den Teig zugeben. Zuletzt die Walnusskerne und das mit Backpulver gemischte Mehl unterrühren.
4. Dann den Eischnee zügig unterheben, den Teig in die Kastenform füllen und auf der mittleren Schiene ca. 55 Minuten backen.
5. Nach dem Backen das Brot etwas abkühlen lassen, dann stürzen.
6. Für die Glasur die Butter cremig rühren, den Puderzucker dazusieben und zusammen mit dem Salz, Vanillearoma, der Milch und dem Ahornsirup verrühren, bis eine Glasur entsteht. Diese Glasur auf die Oberseite des Brotes auftragen.
(auf dem Foto)

Apfel-Rosinen-Brot

Ergibt 12 Stücke
Zubereitungszeit: ca. 30 Minuten
Backzeit: ca. 45 Minuten
190 kcal · 4 g Fett · 19 %

200 g säuerliche Äpfel (z. B. Braeburn)
1 EL Margarine
220 g Mehl
2 Eier
100 g Joghurt (1,5 % F.)
160 g Zucker
1 1/2 TL Backpulver
1/2 TL Salz
2 TL Zimtpulver
80 g Rosinen

1. Die Äpfel schälen, das Kerngehäuse herausschneiden und die Äpfel auf einer dicken Reibe reiben (z. B. für Rettich oder Gurken).
2. Den Backofen auf 180 °C vorheizen. Eine Kastenform (Länge 22 cm) mit Margarine ausfetten und mit etwas von dem Mehl bestäuben.
3. Die Eier mit dem Joghurt und Zucker verrühren, bis sich der Zucker aufgelöst hat.
4. Das restliche Mehl sowie Backpulver, Salz und Zimt dazu geben. Zum Schluss die Rosinen und Äpfel unterheben.
5. Den Teig in die Kastenform füllen und auf der mittleren Schiene etwa 45 Minuten backen.

Bayerisches Apfelbrot

Ergibt 20 Stücke
Zubereitungszeit: ca. 30 Minuten
Backzeit: ca. 45 Minuten
ca. 310 kcal · 5 g Fett · 15 %

20 g Cognac
250 g Rosinen
750 g Äpfel
180 g Zucker
750 g getrocknete Feigen
1 TL Backpulver
500 g Vollkornmehl
125 g Haselnusskerne
12 g Kakao
1 TL Zimt
1 TL Nelken

1. Den Cognac mit einer Tasse Wasser über die Rosinen gießen und über Nacht stehen lassen.
2. Die Äpfel schälen, entkernen und raspeln, den Zucker über die Äpfel geben und vermischen.
3. Die Feigen in kleine Stücke schneiden.
4. Den Backofen auf 220 °C vorheizen. Eine Kastenform (Länge 22 cm) mit Backpapier auslegen.
5. Die Rosinen mit dem restlichen Wasser in die Rührschüssel der Küchenmaschine geben, Äpfel und Feigen dazugeben und kräftig durchrühren.
6. Das mit Backpulver vermischte Mehl, die Nüsse und die Gewürze zugeben und untermengen, bis ein fester Teig entstanden ist.
7. Den Teig in die Kastenform füllen und auf mittlerer Schiene backen. Nach 30 Minuten die Backform mit Backpapier abdecken, damit der Kuchen nicht verbrennt.
8. Das noch warme Apfelbrot nach dem Backen in Alufolie einpacken und im Kühlschrank mindestens einen Tag ziehen lassen.

(auf dem Foto)

TIPP:
Probieren Sie das Brot mal dick mit Magerquark und Apfelmus bestrichen.

Kaffee-Shake

Für 1 Person
Zubereitungszeit: ca. 5 Minuten
ca. 120 kcal · 4 g Fett · 30 %

2 EL löslicher Pulverkaffee
1 Spritzer Süßstoff
250 ml Milch (1,5 % F.)

1. Den löslichen Kaffee mit einer 1/4 Tasse kochendem Wasser überbrühen, den Süßstoff zugeben und etwas abkühlen lassen.
2. Die Milch zugeben und den Kaffee mit dem Pürierstab aufschäumen.

TIPP:
Probieren Sie den Shake einmal zu Cornflakes oder ungesüßten Maisflocken aus! Das lohnt sich!

Schoko-Hafer-Shake

Für 1 Person
Zubereitungszeit: ca. 5 Minuten
ca. 480 kcal · 9 g Fett · 17 %

1 gehäufter EL Kakao
250 ml Milch (1,5 % F.)
3 EL Zucker
50 g zarte Schmelzflocken

1. Den Kakao in der Milch mit dem Mixer komplett auflösen.
2. Den Zucker zugeben und ebenfalls auflösen
3. Danach die Schmelzflocken untermengen.

TIPP:
Geben Sie 1 Scheibe Banane obenauf, eine Handvoll Maisflocken, ein paar Schoko-Reis-Krispies – und schon sieht so ein Shake richtig professionell aus.

Bananen-Shake

Für 1 Person
Zubereitungszeit: ca. 5 Minuten
ca. 306 kcal · 4 g Fett · 12 %

1 große Banane (ca. 120 g)
250 ml Milch
2 EL Zucker

1. Die Banane schälen, mit einer Gabel zerdrücken und sofort zur Milch geben.
2. Den Zucker zugeben und mit dem Pürierstab aufschäumen.

VARIATIONEN:
Sie können 1 Esslöffel Quark und 2–3 Esslöffel Schmelzflocken zugeben und mitmixen. So wird der Shake zur Zwischenmahlzeit, die satt macht, aber nicht träge! Tauschen Sie einfach die Milch durch Buttermilch und/oder die Bananen durch Erdbeeren.

Himbeer-Joghurt-Shake

Himbeer-Joghurt-Shake

Für 1 Person
Zubereitungszeit: ca. 5 Minuten
250 kcal · 3 g Fett · 11%

250 g TK-Himbeeren
1 EL Zucker
150 ml Buttermilch
100 ml Joghurt (1,5% F.)

1. Die Himbeeren auftauen lassen.
2. Alle Zutaten in den Mixer geben und schaumig mixen. Mit einem Pürierstab geht es noch besser!
3 Den Himbeer-Joghurt-Shake in ein hohes Dessertglas füllen.

TIPPS:
Gibt es in Ihrer Firma einen Kühlschrank mit Gefrierfach? Deponieren Sie einfach da eine Packung TK-Himbeeren. Statt der Buttermilch und des Joghurts funktioniert der Shake auch mit normaler Milch. Mit 2 Esslöffeln Haferflocken wird diese Mischung zu einem richtigen Energiedrink.

Kiwi-Maracuja-Sauce

Für 4 Personen
Zubereitungszeit: ca. 15 Minuten
ca. 130 kcal · 1 g Fett · 7 %

4 Kiwis
8 Maracujas
60 g Zucker

1. Die Kiwis schälen, die holzigen Enden entfernen und das Fruchtfleisch in kleine Würfel schneiden.
2. Die Maracujas teilen und den Inhalt in ein grobes Sieb löffeln. Vorsichtig das Fruchtfleisch durch das Sieb streichen.
3. Die beiden Obstsorten vermengen und mit dem Zucker süßen.

TIPP:
Wenn Sie 2 Esslöffel Sahne unter die Sauce rühren, verliert sie etwas von ihrer Säure. Die Sauce schmeckt dann besonders gut zu Eis oder Sorbet. Zu Pfannkuchen, Kaiserschmarrn oder Milchreis darf die Sauce aber ruhig sauer bleiben.

Mangosauce

Für 4 Personen
Zubereitungszeit: ca. 20 Minuten
ca. 140 kcal · 1 g Fett · 7 %

400 g Mango
200 g rote Johannisbeeren
20 g geriebene Orangenschale
5 EL Zucker
1 TL Speisestärke

1. Die Mango schälen, vom Kern schneiden und pürieren. Die Johannisbeeren pürieren und durch ein Sieb streichen oder passieren.
2. Beide Fruchtcremes vermischen, mit der geriebenen Orangenschale und dem Zucker vermischen und in einem gusseisernen Topf erhitzen.
3. Die Speisestärke mit etwas Wasser verrühren und sobald die Fruchtmasse kocht, unter ständigem Rühren unterziehen.
4. Die Sauce noch einmal aufkochen lassen, bis die Masse eindickt und sofort servieren.

TIPP:
Probieren Sie die Sauce zu Milchreis, oder auf einer Scheibe Bayerisches Apfelbrot (Seite 26) mit Quark.

Himbeerpüree

Für 4 Personen
Zubereitungszeit: ca. 10 Minuten
ca. 200 kcal · 1 g Fett · 5 %

500 g TK-Himbeeren
100 g Zucker

1. Die Himbeeren auftauen lassen (wenn es schnell gehen soll, einfach erhitzen und auch heiß servieren!).
2. Den Zucker zugeben, mit einem Pürierstab pürieren und sofort servieren.

VARIATION:
Verwenden Sie anstelle der Himbeeren die gleiche Menge frische Erdbeeren, aber nur knapp die Hälfte der Zuckermenge.

Papayasauce

Papayasauce

Für etwa 4 Personen
Zubereitungszeit: ca. 15 Minuten
ca. 70 kcal · 1 g Fett · 13 %

1 große reife Papaya (ergibt etwa 400 g Fruchtfleisch)
50 g Akazienhonig
5 EL Wasser
1 große Kiwi

1. Die Papaya schälen und pürieren.
2. Den Akazienhonig mit dem Wasser verrühren und erwärmen, damit sich der Honig vollständig löst.
3. Den aufgelösten Honig unter das Fruchtpüree rühren.
4. Die Kiwi schälen und das holzige Ende entfernen. Das Fruchtfleisch in kleine Würfel schneiden und unter die Papayacreme heben.

Vanillesauce

Vanillesauce

Für 4 Personen
Zubereitungszeit: ca. 30 Minuten
ca. 110 kcal · 2 g Fett · 17%

1 Vanilleschote
500 ml Milch (1,5 % F.)
3 Päckchen Bourbon-Vanillezucker
30 g Speisestärke

1. Die Vanilleschote der Länge nach aufschneiden und das Mark mit einem Messer herauskratzen. Das Mark und die Schote in die Milch geben.
2. Den Vanillezucker zugeben und die Milch zum Kochen bringen. Die Vanilleschote aus der Milch fischen.
3. Die Speisestärke mit etwas kaltem Wasser anrühren und sobald die Milch kocht, zur Milch geben.
4. Die Sauce kräftig durchrühren und unter ständigem Rühren noch einmal aufkochen lassen, in einen Krug gießen und sofort servieren.

Süße Hauptgerichte

Pflaumensuppe mit Grießklößchen

Für 4 Personen
Zubereitungszeit: ca. 45 Minuten
Kochzeit: ca. 30 Minuten
ca. 440 kcal · 8 g Fett · 17%

Für die Suppe:
500 g Pflaumen
80 g Zucker
1 EL Zimt
400 g Pfirsiche

Für die Grießklöße:
1/4 l Milch (1,5% F.)
1 Päckchen Bourbon-Vanillezucker
40 g Zucker
2 EL Butter
100 g Weizengrieß
1 Ei

1. Für die Suppe die Pflaumen waschen, halbieren und entkernen. Mit dem Zucker und dem Zimt bestreuen, mit Wasser bedecken und 10 Minuten kochen lassen.
2. Die Pfirsiche mit kochendem Wasser überbrühen und abziehen. Danach entkernen und in mundgerechte Würfel schneiden.
3. Die Fruchtstücke zu den Pflaumen geben und dort ziehen lassen (fehlt Zucker? Eventuell noch etwas nachzuckern!).
4. Für die Grießklößchen die Milch mit dem Vanillezucker, dem Zucker und der Butter aufkochen, den Grieß unterrühren.
5. Die Masse noch einmal aufkochen lassen, vom Herd nehmen und das Ei unterziehen und 10 Minuten quellen lassen.
6. Mit zwei Löffelchen von der Masse Klöße abstechen, in siedendes Salzwasser setzen und 5 Minuten ziehen lassen. Die Grießklößchen herausnehmen, kurz abtropfen lassen und zur Pflaumensuppe geben.

Kaiserschmarrn

Für 2 Personen
Zubereitungszeit: ca. 20 Minuten
ca. 530 kcal · 17 g Fett · 29%

2 Eier
40 g Zucker
60 g Rosinen
1 TL Zimt
250 ml Milch (1,5% F.)
80 g Mehl
20 g Margarine

1. Die Eier trennen und das Eiweiß steif schlagen. Dann das Eigelb mit dem Zucker schaumig rühren und nach und nach die Rosinen, den Zimt, die Milch und das Mehl zugeben.
2. Die Margarine in der Pfanne erhitzen.
3. Das Eiweiß unter den Teig heben und diesen sofort in die Pfanne gießen.
4. Von beiden Seiten goldbraun backen, dann mit zwei Gabeln in mundgerechte Bissen zerteilen.

TIPP:
Dazu passt sehr gut Apfelmus, Vanillesauce oder Pflaumenkompott.

Kartoffel-maultauschen

Für 4 Personen
Zubereitungszeit: ca. 40 Minuten
Backzeit: ca. 45 Minuten
ca. 430 kcal · 9 g Fett · 19 %

Für den Teig:
1 kg Kartoffeln
250 g Mehl
1 Prise Salz
3 Eier
50 g Butter
1/8 l saure Sahne (10 % F.)
1/8 l Milch (1,5 % F.)

Für die Füllung:
250 g Pflaumen
1 TL Zimt
1 EL Zucker

1. Für den Teig die Kartoffeln schälen, in Salzwasser kochen und noch heiß durchpressen. Anschließend den Brei auf einem Brett auskühlen lassen.
2. In der Zwischenzeit für die Füllung die Pflaumen entsteinen und in kleine Streifen schneiden. Mit dem Zimt und Zucker vermengen.
3. Für den Teig das Mehl und Salz über die Kartoffeln streuen und die Eier zugeben. Schnell einen geschmeidigen Teig zubereiten und zur Rolle formen. Den Backofen auf 180 °C vorheizen und eine Reine leicht einfetten.
4. Von der Rolle dicke Scheiben abschneiden und zu handtellergroßen Flecken auswellen. Die Flecken mit zerlassener Butter und Sahne bepinseln, die Füllung darauf verteilen und mit einem zweiten Flecken zukleben. Alternativ kann man die Flecken auch „über Eck“ klappen und verkleben.
5. Die Maultaschen in die Reine einschichten und 45 Minuten backen. Nach der Hälfte der Backzeit die Milch noch darüber gießen.

TIPP:
Probieren Sie statt Vanillesauce oder Kompott einfach mal Apfelblaukraut als Beilage.

Sauerkirschauflauf

Für 8 Personen
Zubereitungszeit: ca. 30 Minuten
Backzeit: ca. 1 1/2 Stunden
ca. 510 kcal · 15 g Fett · 27 %

8 alte Brötchen
1/2 l Milch (1,5 % F.)
6 Eier
1 kg Sauerkirschen
2 TL Zimt
150 g Joghurt (1,5 % F.)
200 g Zucker
100 g gemahlene Haselnusskerne

1. Die trockenen Brötchen in Scheiben schneiden, mit der Milch übergießen und einweichen.
2. Die Milch abgießen, die Brötchen ausdrücken. Die Eier trennen und das Eiweiß steif schlagen.
3. Den Backofen auf 180 °C vorheizen. Alle Zutaten, bis auf den Eischnee, vermengen. Zum Schluss den Eischnee unterrühren.
4. Die Masse in eine Auflaufform geben und ca. 1,5 Stunden backen.
(auf dem Foto)

TIPP:
Servieren Sie den Auflauf heiß mit Vanillesauce. Aber auch kalt ist er ein Gedicht.

Salzburger Nockerln

Für 4 Personen
Zubereitungszeit: ca. 30 Minuten
Kochzeit: ca. 20 Minuten
ca. 310 kcal · 10 g · 30 %

6 Eier
80 g Zucker
1 Vanilleschote
1 EL Margarine
250 ml Milch (1,5 % F.)
1 Päckchen Bourbon-Vanillezucker
80 g Mehl
1 TL Puderzucker

1. Die Eier trennen und das Eiweiß steif schlagen. Dann das Eigelb mit dem Zucker schaumig rühren, bis eine weiße Creme entsteht.
2. Die Vanilleschote der Länge nach aufschneiden und das Mark unter die Eimasse geben. Den Backofen auf 200 °C vorheizen. Eine feuerfeste Form mit hohem Rand mit der Margarine einfetten. So viel Milch in die Form gießen, dass sie ca. 1 cm mit Milch bedeckt ist.
3. Das Eiweiß noch einmal kräftig durchschlagen und dabei den Vanillezucker einrieseln lassen.
4. Ca. 1/3 des Eischnees mit dem Mehl und der Eigelbmasse verrühren. Den restlichen Eischnee vorsichtig unterheben.
5. Die Masse mit einem Teigschaber kleckweise nebeneinander in die Form setzen und ca. 15–20 Minuten auf mittlerer Schiene goldgelb backen.
6. Unmittelbar vor dem Servieren mit Puderzucker bestäuben und servieren.
(auf dem Foto)

Apfelpfannkuchen

Für 4 Personen
Zubereitungszeit: ca. 25 Minuten
Backzeit: ca. 20 Minuten
Ruhezeit: ca. 30 Minuten
ca. 460 kcal · 11 g Fett · 22 %

4 Eier
5 EL Zucker
200 g Mehl
50 g Rosinen
450 ml Milch (1,5 % F.)
300 g Äpfel
1 EL Zitronensaft
1 EL Speiseöl

1. Die Eier trennen und das Eiweiß steif schlagen.
2. Das Eigelb mit dem Zucker schaumig rühren und mit dem Mehl, den Rosinen und der Milch vermengen.
3. Die Äpfel schälen, entkernen, in Scheiben schneiden und mit dem Zitronensaft übergießen.
4. In einer beschichteten Pfanne etwas Öl erhitzen.
5. Das Eiweiß unter den Teig heben, noch einmal kräftig durchrühren und ein bis drei Schöpflöffel in die Pfanne geben. Darüber die Apfelringe setzen und auf beiden Seiten goldbraun backen.

TIPP:
Je dicker die Pfannkuchen, umso weniger Fett (prozentual auf die gesamte Teigmenge) nehmen sie beim Backen auf.

Palatschinken

Für 4 Personen
Zubereitungszeit: ca. 30 Minuten
Ruhezeit: ca. 2 Stunden
ca. 350 kcal · 11 g Fett · 29 %

200 g Vollkornmehl
1 Prise Salz
2 EL Zucker
1 Päckchen Bourbon-Vanillezucker
4 Eier
450 ml Milch (1,5 % F.)

1. Das Mehl zusammen mit dem Salz und dem Zucker in einer Schüssel verrühren.
2. Die Eier zugeben und nach und nach unter kräftigem Rühren die Milch zugeben. Den Teig zwei Stunden ruhen lassen.
3. Ist er danach fest, noch etwas Milch zugeben; die Konsistenz sollte flüssig sein.
4. Eine beschichtete Pfanne dünn mit Margarine auspinseln und nach und nach die Pfannkuchen ausbacken.

TIPP:
Nach dem Backen können Sie die Palatschinken mit Marmelade oder Schokosauce bestreichen und zusammenrollen oder Sie füllen die Palatschinken mit selbst gemachtem Kompott, Vanillequark mit Himbeeren oder frichen Beeren.
Wer's süß mag, kann jetzt noch jeden Palatschinken mit Puderzucker überstäuben.

TIPP:
Palatschinken schmecken auch ganz hervorragend kalt und sind leicht zu verpacken und mitzunehmen.

Germknödel

Ergibt 6 Stücke
Zubereitungszeit: ca. 30 Minuten
Kochzeit: ca. 16 Minuten
Ruhezeit: ca. 1 ½ Stunden
ca. 290 kcal · 7 g Fett · 22 %

250 g Mehl
2 Prisen Salz
5 EL Milch (1,5 % F.)
1 EL brauner Zucker
20 g Hefe
1 Eigelb
100 g Zucker
3 EL Butter
100 g Pflaumenmus
1 TL Zimt
1 Fläschchen Rumaroma

1. Aus dem Mehl, Salz, lauwarmer Milch, braunem Zucker und Hefe einen Vorteig zubereiten (siehe Seite 60) und 30 Minuten an einem warmen Platz gehen lassen.
2. Das Eigelb, den Zucker und die weiche Butter ebenfalls zugeben und zu einem glatten Teig verarbeiten. Diesen Teig wieder eine halbe Stunde zugedeckt gehen lassen.
3. Von dem gegangenen Hefeteig 6 Portionen abstechen und zu Klößen formen. Das Pflaumenmus mit dem Zimt und dem Rumaroma verrühren, in einen Spritzbeutel mit extra langer und schmaler Tülle geben und die Klöße vorsichtig damit füllen und nochmals 20 Minuten gehen lassen.
4. Einen Topf mit großem Durchmesser mit Salzwasser füllen und zum Kochen bringen. Maximal je drei Klöße auf beiden Seiten 8 Minuten bei schwacher Hitze garen lassen. Die Klöße abgetropft auf einen Teller geben und eventuell mit Puderzucker bestreuen.

TIPP:
Die Knödel gehen im Topf noch stark auf. Geben Sie also wirklich nur 3 Klöße in den Topf.

Pflaumenknödel

Pflaumenknödel

Für 4 Personen
Zubereitungszeit: ca. 20 Minuten
Kochzeit: ca. 3 x 15 Minuten
ca. 670 kcal · 4 g Fett · 7%

500 g reife Pflaumen
500 g passierten Quark
500 g Mehl
10 g Butter
1 TL Salz
ca. 20 Stücke Zucker

1. Die Pflaumen waschen und so entkernen, dass die beiden Hälften aneinander bleiben.
2. Aus dem Quark, Mehl, Butter, Salz einen Teig kneten und ca. 1 cm dick ausrollen. Den Teig in 7 x 7 cm große Vierecke schneiden.
3. Jeweils eine Pflaume aufsetzen, mit einem Stück Zucker füllen und den Teig darum herumkneten.
4. Die Pflaumenknödel in sprudelnd kochendes Wasser gleiten lassen und den Herd auf Stufe 1 stellen. Immer wieder vorsichtig umrühren, damit die Knödel nicht am Boden ankleben. Die Knödelchen sind 5 Minuten nachdem sie an die Wasseroberfläche gestiegen sind, gar.

Birnenknödel

Für 4 Personen
Zubereitungszeit: ca. 30 Minuten
Kochzeit: ca. 3 x 15 Minuten
ca. 510 kcal · 16 g Fett · 29%

500 g Kartoffeln, mehlige Sorte
300 g Birnen, weiche Sorte
10 g Butter
1 Ei
Salz
100 g Weizengrieß
100 g Mehl
1 TL Zimt
1 Päckchen Citroback
1–2 TL Zucker
75 g gemahlene Haselnusskerne
1 Päckchen Bourbon-Vanillezucker

1. Die Kartoffeln gar kochen, pellen und noch heiß durch eine Kartoffelpresse drücken.
2. Die Birnen schälen, entkernen und in kleine Stücke schneiden. Die Butter zerlassen. Die Birnen abtropfen lassen und würfeln.
3. Die Butter, das Ei, Salz, Grieß, Mehl, Zimt und Citroback zur Kartoffelmasse geben und rasch zu einem Teig verarbeiten. Die Birnenstückchen darunter mischen und aus diesem Teig kleine Knödel formen.
4. Reichlich Salzwasser zum Kochen bringen. Die Knödel hineingeben (nicht zu viele auf einmal) und etwa 15 Minuten köcheln lassen.
5. Den Zucker mit den Haselnüssen und dem Bourbon-Vanillezucker mischen. Die Knödel herausnehmen und in dieser Mischung wälzen.

TIPP:
Probieren Sie dazu Birnenkompott oder Softeis.

Powidlknödel

Für 4 Personen
Zubereitungszeit: ca. 20 Minuten
Kochzeit: ca. 3 1/4 Stunde
Ruhezeit: ca. 1 1/2 Stunden
ca. 1.000 kcal · 4 g Fett · 4%

25 g Hefe
250 g Mehl
1 TL Zucker
1/4 l Milch (1,5% F.)
2 Eigelb
150 g Magerquark (0,2% F.)
6 EL Pflaumenmus
1 TL Rumaroma
4 EL Puderzucker

1. Die Hefe zusammen mit 2 Teelöffel von dem Mehl und 2 Esslöffel Zucker in 2 Esslöffel Milch auflösen. Das Eigelb mit dem Zucker schaumig rühren und nach und nach den Quark, den restlichen Zucker, das restliche Mehl zugeben.
2. Die Hefelösung und die restliche Milch zugeben und so lange durchrühren, bis sich der Teig gut vom Knethaken löst. Den Teig zugedeckt an einem warmen Ort eine Stunde ruhen lassen.
3. Das Pflaumenmus mit dem Rumaroma und Puderzucker glattrühren. Esslöffelgroße Bällchen abnehmen und auf eine bemehlte Arbeitsfläche legen.
4. In jedes Häufchen eine Mulde drücken, etwas Mus hineingeben und den Ball schließen. Diese Knödel nochmals 1/2 Stunde ruhen lassen.
5. Die Knödel danach in siedendem Salzwasser ca. 1/4 Stunde gar ziehen lassen.

TIPP:
Dazu passt selbst gemachtes Kompott oder Vanillesauce.

Quarkknödel mit Erdbeeren

Quarkknödel mit Erdbeeren

Für 4 Personen
Zubereitungszeit: ca. 1/2 Stunde
Kühlzeit: ca. 4 Stunden
ca. 370 kcal · 12 g Fett · 30 %

40 g Butter
450 g Magerquark (0,2 % F.)
2 Eier
170 g Mehl
1 Citroback
Salz
2 Päckchen Bourbon-Vanillezucker
250 g TK-Erdbeeren

1. Die Butter in einer Schüssel schaumig rühren. Abwechselnd Quark, Eier und Mehl unterrühren. Citroback, Salz sowie Vanillezucker hinzufügen und das Ganze gut durchmischen.
2. Den Teig mit einem Tuch zudecken und für 4 Stunden kühl stellen.
3. Zuerst aus der Teigmasse kleine Knödel formen und in jeden Knödel eine Einbuchtung drücken. Dann in die Einbuchtung jeweils eine gefrorene Erdbeere geben und den Knödel wieder gut verschließen.
4. Reichlich Salzwasser zum Kochen bringen. Die Knödel hineingeben und ca. 2 Minuten kochen lassen. Dann etwas Hitze wegnehmen und die Knödel nochmals etwa 6 Minuten gar ziehen lassen.

TIPP:
Servieren Sie dazu frisches Erdbeerpüree, mit wenig Zucker gesüßt, und bestreuen Sie das Gericht mit einigen Zitronenmelisseblättchen.

Himbeermilchreis

Für 4 Personen
Zubereitungszeit: ca. 15 Minuten
Kochzeit: ca. 20 Minuten
Quellzeit: ca. 20 Minuten
ca. 470 kcal · 4 g Fett · 8%

250 g Rundkornreis
750 ml Milch (1,5% Fett)
50 g Zucker
1 TL Zimt
2 Päckchen Bourbon-Vanillezucker
450 g TK-Himbeeren

1. Den Reis mit der Milch, dem Zucker, Zimt und Vanillezucker aufsetzen und zum Kochen bringen.
2. Den Reis unter ständigem Rühren bei mittlerer Hitze ca. 7 Minuten köcheln lassen.
3. Die Herdplatte ausschalten, die TK-Himbeeren schnell unterrühren und den Reis zum Ausquellen 20 Minuten auf der Herdplatte zugedeckt stehen lassen.

VARIATION:
Anstelle der Himbeeren können Sie auch 400 g Äpfel (z.B. Braeburn) in mittelgroße Stücke schneiden und unterrühren.

Dampfnudeln

Ergibt 12 Stücke
Zubereitungszeit: ca. 30 Minuten
Backzeit: ca. 30 Minuten
Ruhezeit: ca. 1 1/2 Stunden
ca. 260 kcal · 8 g Fett · 28%

500 g Mehl
1 TL Salz
250 ml Milch (1,5% F.)
25 g Hefe
2 Eier
80 g Zucker
1/4 l Wasser
80 g Butter
2 Päckchen Bourbon-Vanillezucker
1 Fläschchen Butteraroma

1. Aus Mehl, Salz, Milch (3 Esslöffel zurückbehalten), Hefe, Eier und 1 Teelöffel Zucker einen Hefeteig zubereiten (siehe Seite 60) und 60 Minuten an einem warmen Ort gehen lassen.
2. Von dem gegangenen Hefeteig zwölf Portionen abstechen und auf einem bemehlten Nudelbrett zugedeckt nochmals 20 Minuten gehen lassen.
3. In einem großen schweren Topf die restliche Milch, das Wasser, die Butter, den Vanillezucker und den restlichen Zucker erwärmen.
4. Die gegangenen Nudeln hineinsetzen und bei geschlossenem Deckel (auf keinen Fall zwischendurch abnehmen!!!) bei mäßiger Hitze eine halbe Stunde leise kochen, bis die Nudeln zu krachen anfangen.

TIPP:
Servieren Sie die Dampfnudeln noch heiß mit Apfelmus oder Vanillesauce. Sie können die Dampfnudeln auch noch mit Pflaumenmus füllen.

Schlemmermilchreis

Für 4 Personen
Zubereitungszeit: ca. 10 Minuten
Kochzeit: ca. 20 Minuten
ca. 650 kcal · 18 g Fett · 25%

250 g Rundkornreis
1 1/4 l Milch (1,5% F.)
500 ml Wasser
80 g Zucker
1 Fläschchen Rumaroma
2 Päckchen Bourbon-Vanillezucker
1 Päckchen Vanillepuddingpulver
100 g grob geh. Pistazien

1. Den Reis in 300 ml Milch und 500 ml Wasser kochen, bis er nahezu weich ist; die restliche Flüssigkeit abgießen und den Reis warm stellen.

Schlemmermilchreis

2. Dann 750 ml Milch zusammen mit dem Zucker, Rumaroma und Bourbon-Vanillezucker erhitzen.

3. Das Puddingpulver mit 250 ml kalter Milch anrühren und zugeben, sobald die Milch kocht. Noch einmal aufkochen lassen und sofort vom Herd nehmen.

4. Den Reis unter den Pudding heben, kräftig verrühren und die Pistazien einstreuen.

5. Den Reis zum Ausquellen etwa 20 Minuten auf der Herdplatte zugedeckt stehen lassen.

TIPP:
Der Schlemmermilchreis schmeckt heiß oder kalt, mit Saucen, Kompott oder frischem Obst, mit Gewürzen wie Zimt oder einer Messerspitze Safran.

Desserts

Wackelpeter

Für 4 Personen
Zubereitungszeit: ca. 15 Minuten
Gelierzeit: ca. 4 Stunden
ca. 300 kcal · 1 g Fett · 3 %

1 Päckchen gemahlene Gelatine
250 ml Wasser
100 g Zucker
250 ml Fruchtsirup (z. B. Kirsch, Himbeer, Waldmeister)

1. Eine Pudding- oder Kuchenform mit kaltem Wasser ausspülen und nicht abtrocken.
2. Die Gelatine mit dem Wasser verrühren und erhitzen.
3. Wenn sich die Gelatine zu lösen beginnt, den Zucker zugeben und anschließend den Sirup.
4. Die Flüssigkeit unter ständigem Rühren einmal aufkochen lassen, von der Herdplatte nehmen und in die ausgespülte Pudding- oder Kuchenform gießen.
5. Die Form 4 Stunden in den Kühlschrank stellen.
6. Zum Stürzen die Form in heißes Wasser setzen, 2 Minuten warten und dann auf einen Teller kippen.

Sauerkirschgrütze

Für 6 Personen
Zubereitungszeit: ca. 1 Stunde
Kochzeit: ca. 15 Minuten
ca. 370 kcal · 1 g Fett · 3 %

1 kg frische Sauerkirschen
400 g Zucker
1 EL Speisestärke
1 TL Zimt

1. Die Sauerkirschen waschen, entstielen, entkernen, in einen schweren Topf geben und mit Wasser bedecken.
2. Den Zucker über die Sauerkirschen geben und so lange kochen lassen, bis sie beginnen weich zu werden.
3. In der Zwischenzeit die Speisestärke und den Zimt mit kaltem Wasser anrühren, zu den weichen Kirschen geben und kräftig unterrühren.
4. Sobald die Masse beginnt einzudicken, den Topf von der Herdplatte nehmen und in eine große Schüssel zum Auskühlen geben.
(auf dem Foto)

TIPP:
Probieren Sie dazu Vanillesauce oder Vanillequark oder anstelle einer Sauce auch Softeis.

Vanille-Himbeer-Traum

Für 4 Personen
Zubereitungszeit: ca. 30 Minuten
Kühlzeit: ca. 3 Stunden
ca. 470 kcal · 13 g Fett · 25%

1 Päckchen Vanillepuddingpulver
500 ml Milch (1,5% F.)
130 g Zucker
75 g Pistazien
500 g frische Himbeeren
2 Päckchen roter Tortenguss
300 g Joghurt (1,5% F.)
2 Päckchen Bourbon-Vanillezucker

1. Den Vanillepudding mit der Milch und 2 Esslöffeln von dem Zucker nach Packungsanleitung herstellen.
2. Die Pistazien unter den noch heißen Pudding rühren, auf Gläser verteilen und die Himbeeren darauf setzen.
3. Mit 4 weiteren Esslöffeln Zucker und dem roten Tortenguss einen Tortenguss zubereiten und über die Himbeeren gießen.
4. Den Joghurt mit etwas Wasser, dem restlichen Zucker und dem Bourbon-Vanillezucker verrühren, auf die Himbeeren geben und 3 Stunden kalt stellen.
(auf dem Foto)

TIPP:
Ein paar frische Himbeeren zur Dekoration, evtl. mit einem Esslöffel Himbeersirup übergossen, sehen sehr gut dazu aus.

Melonen-Bowl

Für 4 Personen
Zubereitungszeit: ca. 20 Minuten
Zeit zum Durchziehen: ca. 1 Stunde
ca. 180 kcal · 4 g Fett · 20%

300 g Wassermelone
300 g Honigmelone
200 g frische Heidelbeeren
30 g Zucker
100 ml fruchtiger Weißwein
2 Päckchen Bourbon-Vanillezucker

1. Die Wassermelone in mundgerechte Dreiecke schneiden. Die Honigmelone mit einem Kugelstecher aushöhlen, die Heidelbeeren abwaschen und abtropfen lassen.
2. Das Obst mit dem Zucker und Weißwein vermengen und vor dem Servieren ca. 1 Stunde durchziehen lassen.

Zitronencreme

Für 4 Personen
Zubereitungszeit: ca. 30 Minuten
Gelierzeit: ca. 4 Stunden
ca. 200 kcal · 2 g Fett · 9%

3 unbehandelte Zitronen
1 Päckchen gemahlene Gelatine
120 g Zucker
250 g Joghurt (1,5% F.)
250 g Magerquark (0,2% F.)
1 Päckchen Citroback
2 Eiweiß

1. Die Zitronenschale abreiben und den Saft der Zitronen auspressen.
2. Den Zitronensaft mit der Gelatine erwärmen, bis sich die Gelatine vollständig gelöst hat.
3. Den Zucker mit dem Joghurt, Quark und Citroback verrühren, bis der Zucker aufgelöst ist.
4. Die leicht abgekühlte Zitronenmasse mit der Quarkmasse verrühren und 30 Minuten in den Kühlschrank stellen.
5. Das Eiweiß steif schlagen und unter die Zitronenmasse heben.
6. Die Creme in Portionsgläser füllen oder in eine flache Schüssel geben und mindestens 4 Stunden in den Kühlschrank, besser noch über Nacht stehen lassen.

TIPP:
Garnieren Sie die Creme mit Minzeblättchen.

Orangencreme

Für 4 Personen
Zubereitungszeit: ca. 45 Minuten
Gelierzeit: ca. 5 Stunden
ca. 520 kcal · 16 g Fett · 28 %

10 große Orangen
2 Päckchen gemahlene Gelatine
120 g Zucker
1 Fläschchen Rumaroma
2 Päckchen Bourbon-Vanillezucker
250 g Magerquark (0,2 % F.)
250 g Dickmilch (entrahmt)
200 g süße Sahne (28 % F.)
2 Eiweiß

1. Die Orangen filetieren und mit dem Saft und der Gelatine in einem großen Topf auf kleinster Temperaturstufe auf die Herdplatte stellen, damit sich die Gelatine löst.
2. In der Zwischenzeit den Zucker mit dem Rumaroma, dem Bourbon-Vanillezucker, dem Quark und der Dickmilch verrühren, bis sich der Zucker komplett gelöst hat.
3. Die lauwarme Fruchtmasse mit der aufgelösten Gelatine unter das Quark-/Dickmilchgemisch rühren und in den Kühlschrank stellen.
4. Nach 30 Minuten das Eiweiß und dann die Sahne steif schlagen. Zuerst die Sahne unterrühren und zum Schluss den Eischnee unterheben.
5. Die Creme 4 Stunden im Kühlschrank ausgelieren lassen.

TIPP:
Besonders elegant ist es, wenn Sie zum Servieren mit einem Löffel für jeden Teller 2 Klößchen abstechen und mit ein paar frischen Orangenfilets anrichten.

Schwarzwälder Kirschbecher

Für 4 Personen
Zubereitungszeit: ca. 30 Minuten
Kühlzeit: ca. 3 Stunden
ca. 590 kcal · 17 g Fett · 26 %

500 g Süßkirschen (Glas)
1 Päckchen Schokoladenpudding
500 ml Milch (1,5 % F.)
150 g Zucker
500 g Magerquark (0,2 % F.)
1 Päckchen Bourbon-Vanillezucker
100 ml Sahne (30 % F.)
75 g geriebene Bitterschokolade
4 schöne Kirschen

1. Die Süßkirschen abtropfen lassen und den Saft auffangen.
2. Den Schokoladenpudding mit der Milch und 2 Esslöffeln Zucker nach Packungsanleitung herstellen.
3. Den Pudding in dekorative Gläser füllen und darauf die Kirschen setzen.
4. Den Quark mit etwas Kirschsaft verrühren, den Bourbon-Vanillezucker dazugeben und auf die Kirschen gießen. Die Gläser für ca. 3 Stunden kalt stellen.
5. Vor dem Servieren die Sahne steif schlagen und auf jeden Becher spritzen. Mit der geriebenen Bitterschokolade überstreuseln und obenauf eine frische Kirsche aufsetzen.

Omi's Obstsalat

Omi's Obstsalat

Für 4 Personen
Zubereitungszeit: ca. 30 Minuten
Zeit zum Durchziehen:
ca. 4 Stunden
ca. 410 kcal · 13 g Fett · 29 %

300 g Äpfel
5 große Orangen
150 g getrocknete Feigen
2 große Bananen
40 g Zucker
75 g Walnusskernhälften

1. Die Äpfel schälen, entkernen und in mundgerechte Würfel schneiden. Die Orangen filetieren, den Saft davon ebenfalls auffangen. Die Feigen in 8 etwa gleich große Stücke schneiden. Die Banane schälen und in Scheibchen schneiden.
2. Die Fruchtstücke in eine große Schüssel geben, den Zucker zugeben und alle Zutaten miteinander vermengen.
3. Die Walnusskernhälften grob hacken und zuletzt darunter mischen. Etwa 4 Stunden durchziehen lassen.

TIPP:
Dieser Obstsalat ist nahezu klassisch und war der absolute Hit unserer Kindertage. Damals gab es ihn wegen seiner Zutaten ausschließlich in der Winterzeit. Heute ist das alles längst kein Problem mehr, wobei man sagen muss: Im Sommer schmecken andere Rezepte zum Beispiel mit frischen Erdbeeren irgendwie besser!

Himbeer-Sahne-Quark

Für 4 Personen
Zubereitungszeit: ca. 30 Minuten
ca. 290 kcal · 9 g Fett · 28%

500 g frische Himbeeren
100 g Zucker
400 g Magerquark (0,2% F.)
1 Päckchen Bourbon-Vanillezucker
100 ml Sahne (30% F.)
2 Eiweiß

1. Die Himbeeren mit der Hälfte des Zuckers vermischen.
2. Den Quark mit dem Bourbon-Vanillezucker und dem restlichen Zucker gut verrühren, bis sich der Zucker gelöst hat.
3. Das Eiweiß und die Sahne nacheinander steifschlagen.
4. Die Himbeeren, die Sahne und das Eiweiß nacheinander unter den Quark ziehen und sofort in schönen Bechern servieren.

VARIATION:
Aus dem Himbeer-Sahne-Quark wird eine Joghurt-Erdbeer-Sahne, wenn Sie die Himbeeren durch Erdbeeren und den Quark durch Joghurt tauschen.

Orangenkompott

Für 4 Personen
Zubereitungszeit: ca. 35 Minuten
Kühlzeit: über Nacht
250 kcal · 1 g Fett · 4%

6 Orangen
120 g Zucker
3 Gewürznelken
1 Zimtstange
1 Vanilleschote
Saft von einer Zitrone
1 Päckchen Citroback
60 g Honig
30 ml Grenadinesirup

1. Die Orangen filetieren und in eine verschließbare Schüssel geben.
2. Den Zucker mit 150 ml Wasser, den Gewürznelken, der Zimtstange, der aufgeschnittenen Vanilleschote, dem Zitronensaft, dem Citroback und dem Honig vermischen.
3. Alles in einem Topf etwa 5 Minuten leicht köcheln und dann abkühlen lassen. Anschließend die Gewürze wieder herausnehmen.
4. Die Masse mit dem Grenadinesirup mischen und über die Orangenfilets gießen.
5. Das Orangenkompott über Nacht in den Kühlschrank stellen.

Birne Helene mit Quarkeis

Für 4 Personen
Zubereitungszeit: ca. 50 Minuten
Gefrierzeit: über Nacht
ca. 310 kcal · 4 g Fett · 12%

Für die Birne Helene:
1 unbehandelte Zitrone
4 vollreife Birnen, z. B. Williams Christ
1/2 l weißer Traubensaft
2 EL Weißwein
50 g Zucker
1 Stück Ingwerwurzel
1 Zimtstange
etwas Puderzucker oder Schokoladenpulver

Für das Quarkeis:
2 Eier
2 EL Puderzucker
200 g Quark (20% Fett)
2 TL Zitronensaft

1. Die Zitronenschale abreiben und den Saft einer Zitronenhälfte auspressen.
2. Die Birnen schälen und sofort mit dem Zitronensaft beträufeln!
3. Den Traubensaft, Wein, Zucker, Ingwer, Zimt und Zitronenschale sirupartig einkochen.
4. Die Birnen in dem Sud 5 bis 8 Minuten, je nach Reifegrad der Früchte, pochieren und in dem Sud abkühlen lassen.

Birne Helene mit Quarkeis

5. Für das Eis die Eier trennen. Das Eiweiß mit dem Puderzucker steif schlagen. Dann nacheinander die Eigelbe, den Quark und Zitronensaft unterrühren.

6. Die Quarkmasse in eine gefrierbeständige Schüssel füllen, mit Folie abdecken und in die Gefriertruhe stellen. Über Nacht fest werden lassen.

7. Die Birnen senkrecht durchschneiden, vorsichtig entkernen und jeweils zwei Hälften auf einem Teller anrichten. Auf jede Hälfte eine Kugel Quarkeis setzen. Etwas Puderzucker oder Schokoladenpulver darüber stäuben.

Erdbeer-Granita

Für 4 Personen
Zubereitungszeit: ca. 30 Minuten
Gefrierzeit: ca. 3 Stunden
ca. 100 kcal · 1 g Fett · 9 %

250 g Erdbeeren
80 g Zucker
1 Spritzer Zitronensaft
Minzeblättchen zur Dekoration

1. Die Erdbeeren pürieren, mit dem Zucker und Zitronensaft verrühren und durch ein feines Sieb streichen, damit die Kerne in der Granita nicht stören.
2. Dann in eine bauchige Schüssel geben und für 3 Stunden in die Gefriertruhe stellen.
3. Die Eismasse alle 30 Minuten kräftig durchrühren, damit sich nicht so große Kristalle bilden. Wer es ganz fein mag, nimmt den Pürierstab zu Hilfe.
4. Die Granita in mittelgroße Gläser füllen, ein Minzeblatt obendrauf und auslöffeln.

VARIATION:
Tauschen Sie die Erdbeeren durch eine Netzmelone aus. Entkernen Sie die Melone und löffeln Sie das Fruchtfleisch heraus, bevor Sie sie mit dem Zucker und Zitronensaft pürieren.

Zitronen-Granita

Für 4 Personen
Zubereitungszeit: ca. 20 Minuten
Gefrierzeit: ca. 3 Stunden
ca. 110 kcal · 0 g Fett · 0 %

Saft von 3 Zitronen
250 ml Apfelsaft
80 g Zucker

1. Den Zitronensaft und Apfelsaft mischen und den Zucker darin auflösen. In eine bauchige Schüssel geben und 3 Stunden in die Gefriertruhe stellen.
2. Alle 30 Minuten kräftig durchrühren, damit sich nicht so große Kristalle bilden. Wer es ganz fein mag, nimmt den Pürierstab zu Hilfe.
3. Die Granita in mittelgroße Gläser füllen, ein Minzeblatt obendrauf und auslöffeln.

TIPP:
Die bauchige Schüssel ist bei der Zubereitung von Granitas wichtig: In den Ecken einer normalen Schüssel setzen sich Reste ab, die dann hartgefroren sind und sich nicht mehr pürieren lassen.

Quark-Aprikosen-Eis

Für 6 Personen
Zubereitungszeit: ca. 15 Minuten
Gefrierzeit: ca. 20 Minuten
ca. 170 kcal · 3 g Fett · 27 %

400 g vollreife Aprikosen
3 EL Zitronensaft
100 g Puderzucker
2 EL Honig
100 g Magerquark (0,2 % F.)
100 ml Sahne (30 % F.)
1 Eiweiß
etwas Salz
etwas abgeriebene Zitronenschale

1. Die Aprikosen halbieren, entsteinen und sechs Hälften beiseite legen. Die restlichen Aprikosenhälften in grobe Stücke schneiden und zusammen mit dem Zitronensaft, Puderzucker und Honig pürieren.
2. Den Quark, die Sahne, das Eiweiß und eine Prise Salz in einer Rührschüssel mit dem Schneebesen kräftig verrühren.
3. Das Fruchtpüree auf die Quarkmasse geben, alles gut vermischen und mit etwas Zitronenschale abschmecken.
4. Diese Eisgrundmasse in das laufende Eisgerät füllen und in etwa 20 Minuten gefrieren lassen.
5. Zusammen mit der Aprikosenhälfte nett auf einem Teller anrichten und servieren.

Pflümlieis

Pflümlieis

Für 4 Personen
Zubereitungszeit: ca. 1 Stunde
Zeit zum Durchziehen: über Nacht
239 kcal · 3 g Fett · 12 %

200 g Trockenpflaumen
50 ml Pflaumenlikör
250 ml Apfelsaft
50 g Puderzucker
2 EL Zitronensaft

1. Am Vortag die Pflaumen in Stückchen schneiden, mit 30 ml von dem Likör und dem gesamten Apfelsaft übergießen, abdecken und im Kühlschrank über Nacht durchziehen lassen.
2. Am nächsten Tag die eingeweichten Pflaumen mit dem Pürierstab fein pürieren und beiseite stellen.
3. 1/4 l Wasser, den Puderzucker und den Zitronensaft in einem hohen Rührbecher verrühren.
4. Das Pflaumenpüree mit dem Zitronensirup vermischen und nochmals eine halbe Stunde im Kühlschrank durchziehen lassen.
5. Die Pflaumenmischung in die laufende Eismaschine geben und in 35 bis 40 Minuten gefrieren lassen. Gegen Ende der Rührzeit den restlichen Pflaumenlikör zugeben.

VARIATION:
Statt getrockneter Pflaumen können Sie ebensogut getrocknete Aprikosen nehmen, allerdings sollten Sie dann auch Aprikosenlikör verwenden.

Kuchen und Torten

Biskuit Grundrezept

Ergibt 1 Tortenboden oder 1 Biskuitrolle
Zubereitungszeit: ca. 15 Minuten
Backzeit: ca. 30 Minuten
ca. 60 kcal (bei 12 Stücken) · 1 g Fett · 15 %

2 Eiweiß
100 g Mehl
125 ml Milch (1,5 % F.)
60 g Zucker

1. Den Backofen auf 175 °C vorheizen. Für den Boden den Springformboden in Backpapier einhüllen und in die Form einspannen. Oder für die Rolle das Backblech mit Backpapier auslegen.
2. Das Eiweiß steif schlagen. In einer anderen Schüssel das Mehl, die Milch und den Zucker so lange verrühren, bis sich der Zucker auflöst.
3. Das Eiweiß unterheben. Die Masse in die Springform gießen, den Teig – falls nötig – geradeziehen und 30 Minuten auf mittlerer Schiene backen.
4. Mit einer langen Nadel prüfen, ob der Kuchen durchgebacken ist.
5. Ist der Biskuit gar, den Kuchen aus dem Backofen nehmen und den Kuchenrand mit einem Messer von der Form lösen.
6. Die Form öffnen und den Kuchen auf einen Rost stürzen. Das Backpapier mit einem feuchten Lappen geschmeidig machen und vorsichtig vom Kuchen abziehen.

TIPP:
Menge für mehrstöckigen Kuchen verdoppeln, Backzeit dann ebenfalls um rund 20 Minuten erhöhen.

TIPP:
Sie können die Springform auch nach dem Backen noch als Tortenring benutzen. Dazu vor dem Belegen den Springformboden mit Alufolie auslegen und einspannen. Den Kuchenboden hineinlegen und nochmals überprüfen, ob die Form gut geschlossen ist. Jetzt können Sie Cremefüllungen (z. B. Tropic- oder Erdbeertorte) oder „normale“ Obstkuchen belegen und „gefahrlos“ mit Tortenguss begießen.

TIPP:
Bei manchen Backöfen ist es nötig, die Form während des Backens zu drehen, damit der Biskuit gleichmäßig braun wird.

Himbeertorte

Ergibt 12 Stücke
Zubereitungszeit: ca. 1 Stunde
Backzeit: ca. 30 Minuten
Gefrierzeit: ca. 8 Stunden
ca. 140 kcal · 1 g Fett · 7 %

1 Biskuit Grundrezept (siehe links)
700 g Himbeeren
100 ml Himbeergeist
3 Päckchen Gelatine
250 g Joghurt (1,5 % F.)
250 g Magerquark (0,2 % F.)
100 g Zucker
2 Eiweiß

1. Den Biskuitboden nach dem Grundrezept zubereiten, backen und auskühlen lassen. Den Boden in die gesäuberte und mit Alufolie ausgelegte Springform legen.

Himbeertorte

2. Die Himbeeren und den Himbeergeist in einem Topf langsam erwärmen, die Gelatine einrühren und warten, bis sich die Gelatine vollständig gelöst hat.
3. Den Joghurt, Quark und Zukker verrühren; der Zucker muss sich vollständig auflösen.
4. Die noch warme Himbeermasse zu der Joghurt-Quark-Masse geben, alles verrühren und für 30 Minuten in den Kühlschrank stellen.
5. Das Eiweiß steif schlagen, unter die gelierende Himbeermasse heben und auf den Tortenboden gießen. Die Torte in der Springform über Nacht bzw. 8 Stunden im Kühlschrank fest werden lassen.

TIPP:
Hübsch und dazu noch sehr lecker: Jedes Tortenstück mit einer frischen Himbeere dekorieren.

Tropictorte

Ergibt 12 Stücke
Zubereitungszeit: ca. 1 Stunde
Backzeit: ca. 30 Minuten
Gelierzeit: ca. 8 Stunden
ca. 140 kcal · 2 g Fett · 13 %

Für den Biskuitteig:
100 g Buchweizenmehl
60 g Rohrzucker
125 ml Milch (1,5 % F.)
2 Eiweiß

Für den Belag:
250 ml Kokosmilch (Dose)
2 Päckchen gemahlene Gelatine
2 unbehandelte Zitronen
250 g Joghurt (1,5 % F.)
250 g Magerquark (0,2 % F.)
100 g Rohrzucker
1 Fläschchen Rumaroma
1 Päckchen Citroback
1 reife Mango
2 Eiweiß

1. Den Biskuitteig nach Anleitung des Grundrezeptes auf Seite 54 zubereiten, backen und erkalten lassen. Den Boden in die gesäuberte und mit Alufolie ausgelegte Springform legen.
2. Für den Belag die Kokosmilch mit der Gelatine vermischen und langsam erwärmen. Dabei die Kokosmilch immer wieder umrühren, bis sich die Gelatine vollständig aufgelöst hat.
3. Die Zitronenschalen abreiben und den Saft auspressen.
4. Den Joghurt, Quark, Zucker, Rumaroma, Citroback, Saft und Schale der Zitronen gut verrühren.
5. Die Gelatine mit der Kokosmilch unter die Joghurt-Quark-Masse rühren und 20 Minuten in den Kühlschrank stellen, damit die Creme gelieren kann.
6. Inzwischen die Mangoschale mit einem scharfen Messer vorsichtig abschneiden, das Fruchtfleisch vom Kern abschneiden und dann in kleine Würfel schnibbeln.
7. Das Eiweiß steif schlagen, zügig unter die kalte Creme heben und in die Springform gießen.
8. Die Mangostückchen in der Quarkmasse verteilen und die Torte für mindestens 8 Stunden in den Kühlschrank stellen.

TIPP:
Beim Einkaufen unbedingt darauf achten, dass Sie „Kokosmilch“ und nicht „Kokos-Cream“ besorgen. Die Kokosmilch darf auf keinen Fall gezuckert sein, sonst wird die Gelatine nicht richtig fest.

Erdbeerrolle

Ergibt 8 Stücke
Zubereitungszeit: ca. 1 Stunde
Backzeit: ca. 20 Minuten
Kühlzeit: ca. 8 Stunden
ca. 230 kcal · 7 g Fett · 28 %

1 Biskuit Grundrezept (Seite 54)
250 g frische Erdbeeren
1 1/2 Päckchen gemahlene Gelatine
125 g Joghurt (1,5 % F.)
125 g Magerquark (0,2 % F.)
50 g Zucker
150 ml Schlagsahne (30 % F.)
1/2 Päckchen Sahnesteif
50 g Zucker
5 dicke, schöne Erdbeeren

1. Die Biskuitrolle nach dem Grundrezept zubereiten, backen und auskühlen lassen. Eine ausreichend lange Kastenform mit Backpapier auslegen.
2. Die Erdbeeren pürieren und zusammen mit der Gelatine verrühren. Die Masse langsam erwärmen, bis sich die Gelatine vollständig gelöst hat.
3. Den Joghurt, Quark und Zucker verrühren, der Zucker muss sich vollständig auflösen.
4. Die noch warme Erdbeermasse zu der Joghurt-Quark-Masse geben und alles verrühren.

Erdbeerrolle

5. Die Masse zügig auf dem Biskuitboden verteilen und vorsichtig zusammenrollen. In die Kastenform heben (eventuelle Reste noch hineingießen) und die Rolle über Nacht erkalten lassen.

6. Die festgewordene Rolle auf eine Tortenplatte stürzen. Die Schlagsahne mit dem Zucker und Sahnesteif ganz steif schlagen und die Biskuitrolle damit einstreichen. Die Erdbeeren halbieren und als Mittelreihe platzieren.

TIPP:
Möchten Sie die Tortenplatte beim Einstreichen der Rolle sauber halten, schieben Sie vorher 4 etwa 15 cm breite Backpapierstreifen etwas unter jede Seite der Biskuitrolle.

Apfel-Walnuss-Kuchen

Ergibt 12 Stücke
Zubereitungszeit: ca. 35 Minuten
Backzeit: ca. 1 Stunde
ca. 340 kcal · 7 g Fett · 19 %

Für den Teig:
2 mittelgroße, säuerliche Äpfel, z. B. Braeburn
3 Eier
400 g Zucker
280 g Joghurt (1,5% F.)
100 g gehackte Walnüsse
1 Päckchen Bourbon-Vanillezucker
1 TL Salz
1 1/2 TL Zimt
1/2 TL geriebene Muskatnuss
1 1/2 TL Backpulver
420 g Mehl

Für die Glasur:
110 g Puderzucker
2 EL Milch (1,5 % F.)

1. Den Backofen auf 150 °C vorheizen. Eine Springform (Ø 24 cm) mit Backpapier auslegen.
2. Die Äpfel schälen, entkernen und raspeln.
3. Die Eier trennen und das Eiweiß steif schlagen. Das Eiweiß mit dem Zucker schaumig schlagen.
4. Nach und nach die anderen Zutaten zugeben und zu einem glatten Teig vermengen. Das Eiweiß vollständig unterheben.
5. Die Masse in die Springform gießen und 1 Stunde auf mittlerer Schiene backen.
6. Nach dem Backen den Kuchen in der Form erkalten lassen, dann aus der Springform lösen.
7. Für die Glasur den Puderzucker mit der Milch verrühren, den Kuchen damit bestreichen und trocknen lassen.

Mondgesicht

Ergibt 12 Stücke
Zubereitungszeit: ca. 30 Minuten
Wartezeit: ca. 2 Stunden
ca. 160 kcal · 1 g Fett · 7 %

1 Biskuit Grundrezept (Seite 54)
5 EL Zucker
1 Päckchen Vanillepuddingpulver
500 ml Milch (1,5 % F.)
1 Banane
750 g Schattenmorellen (Glas)
2 Pfirsichhälften (Dose)
1 dicke Erdbeere
125 g Cocktailfrüchte (Dose, etwaige Kirschen herausnehmen)
2 Päckchen klarer Tortenguss

1. Den Biskuitboden nach dem Grundrezept zubereiten, backen und auskühlen lassen. Den Boden in die gesäuberte und mit Alufolie ausgelegte Springform legen.
2. Aus 3 Esslöffeln von dem Zucker, dem Puddingpulver und der Milch nach Packungsanleitung einen Vanillepudding zubereiten und auf den Tortenboden gießen.
3. Die Banane der Länge nach teilen, die übrigen Früchte getrennt voneinander abtropfen lassen.
4. Den äußeren Rand der Form mit den Schattenmorellen belegen.
5. Die eine Hälfte der Banane wie einen lachenden Mund auflegen, die andere Hälfte nochmals teilen und jeweils eine Hälfte als Augenbrauen auflegen.
6. Die Pfirsiche werden zu Bäckchen, die Erdbeere der Länge nach teilen und jeweils eine Hälfte als Augen einsetzen.
7. Die Cocktailfrüchte auf das restliche Mondgesicht verteilen.
8. Den Tortenguss mit dem restlichen Zucker nach Packungsanleitung herstellen und über dem Mondgesicht verteilen. Die Torte noch 2 Stunden stehen lassen.

Erdbeerkuchen

Erdbeerkuchen

Ergibt 12 Stücke
Zubereitungszeit: ca. 45 Minuten
Backzeit: ca. 30 Minuten
Kühlzeit: ca. 4 Stunden
ca. 140 kcal · 3 g Fett · 20 %

1 Biskuit Grundrezept (Seite 54)
1 TL Öl
etwas Mehl
750 g Erdbeeren
4 EL Zucker
1 Päckchen Vanillepuddingpulver
500 ml Milch (1,5 % F.)
2 Päckchen weißer Tortenguss

1. Den Biskuitboden nach dem Grundrezept zubereiten, in einer mit dem Öl ausgepinselten und mit etwas Mehl bestäubten Obstbodenform backen, stürzen und auskühlen lassen. Die Erdbeeren waschen und entstielen.
2. Aus der Hälfte des Zuckers, dem Puddingpulver und der Milch nach Packungsanleitung einen Vanillepudding zubereiten, auf den Tortenboden gießen und erkalten lassen
3. Die Erdbeeren gleichmäßig auf dem Kuchen verteilen.
4. Aus dem Tortenguss und dem restlichen Zucker nach Packungsanleitung einen Tortenguss herstellen. Von der Mitte aus beginnend den gesamten Tortenguss löffelweise über die Erdbeeren verteilen.
5. Den Kuchen für mindestens 4 Stunden in den Kühlschrank stellen.

TIPP:
Der Kuchen schmeckt auch ohne Tortenguss phantastisch.

Hefeteig Grundrezept

Für 1 Backblech
Zubereitungszeit: ca. 20 Minuten
Gehzeit: 1 ½ Stunden
ca. 118 kcal (bei 20 Stücken) · 1 g Fett · 8 %

¼ l Milch
500 g Mehl
25 g Hefe
80 g Zucker
100 g Joghurt
1 Päckchen Bourbon-Vanillezucker
1 Fläschchen Butteraroma
1 Prise Salz

1. Die Milch auf Körpertemperatur erwärmen. 100 g Mehl in eine Schüssel geben, die Hefe hineinbröckeln, den Zucker und die Milch zugeben. Alles miteinander verrühren und zugedeckt 30 Minuten an einem warmen Platz stehen lassen.
2. Den Vorteig mit dem restlichen Mehl, dem Joghurt, Bourbon-Vanillezucker, ein bisschen von dem Butteraroma und dem Salz zu einem Teig verkneten, zudecken, an einen warmen Ort stellen und 1 Stunde gehen lassen.
3. Inzwischen das Backblech mit Backpapier belegen. Den fertigen Teig dann mit etwas Mehl zu einer nicht mehr klebrigen Kugel formen und auf dem Blech ausrollen.

VARIATION:
Sie können bei diesem Grundrezept bis zu 100 g Butter zugeben, für den Fall, dass Sie einen Butterzopf, elsässischen Gugelhupf oder Brioches machen wollen. Dann aber darauf achten, dass Sie wirklich nur so viel davon essen, dass Sie satt sind und erst wieder davon essen, wenn Sie hungrig sind. Sonst belasten Sie unnötig Ihr Fettkonto.

Apfel-Sahne-Kuchen

Ergibt 20 Stücke
Zubereitungszeit: ca. 1 Stunde
Gehzeit: ca. 1 ½ Stunden
Backzeit: ca. 45 Minuten
ca. 280 kcal · 6 g Fett · 20 %

Für den Hefeteig:
250 ml warme Milch (1,5 % F.)
500 g Mehl
25 g Hefe
50 g Zucker
1–2 EL Zimt

Für den Belag:
1 ¼ kg Äpfel
100 g Sultaninen
500 ml saure Sahne (10 % F.)
4 Eier
200 g Zucker
100 g Joghurt (1,5 % F.)
1 Päckchen Bourbon-Vanillezucker

1. Für den Hefeteig die Milch auf Körpertemperatur erwärmen. 200 g von dem Mehl mit der zerbröselten Hefe, dem Zucker und der warmen Milch zu einem flüssigen Teig verrühren und zugedeckt an einem warmen Ort 30 Minuten gehen lassen.
2. Das restliche Mehl und den Zimt hinzufügen und mit einer Küchenmaschine kräftig durchkneten. Nochmals zudecken und wieder an einem warmen Ort 30 Minuten gehen lassen.
3. In der Zwischenzeit für den Belag die Äpfel schälen, entkernen und in feine Schnitze schneiden. Den Backofen auf 180 °C vorheizen und das Backblech mit Backpapier auslegen.
4. Den Teig auf das Backblech stürzen, noch eine Handvoll Mehl darüber streuen, damit der Teig nicht so an den Fingern klebt, und dann den Teig gleichmäßig auf dem Blech verteilen.
5. Die Apfelschnitze aufrecht, mit der Biegung nach oben, in den Teig setzen und die Sultaninen darüber streuen.
6. Die saure Sahne, die Eier, den Zucker und den Joghurt verquirlen. Diese Masse vorsichtig über den Kuchen gießen und 1 Stunde auf mittlerer Schiene backen.
(auf dem Foto)

Pfirsichkäsekuchen

Für 16 Stücke
Zubereitungszeit: ca. 1 1/2 Stunden
Zeit zum Gehen: ca. 2 Stunden
ca. 272 kcal · 6 g Fett · 20%

Für den Hefeteig:
1/8 l Milch (1,5% F.)
250 g Mehl
1/2 Würfel Hefe
40 g Zucker
40 g Margarine
1 Prise Salz

Für die Käsemasse:
5 Eier
200 g Zucker
1 kg Magerquark (0,2% F.)
500 ml Milch (1,5% F.)
80 g Mehl
470 g Pfirsiche (Dose)

1. Für den Hefeteig die Milch auf Körpertemperatur erwärmen. 1/3 des Mehls mit der zerbröselten Hefe, dem Zucker und der warmen Milch verrühren und an einem warmen Ort zugedeckt 30 Minuten gehen lassen.
2. Die Margarine zerlassen und mit dem restlichen Mehl und dem Salz kräftig unter den Vorteig kneten und nochmals 1 1/2 Stunden an einem warmen Ort gehen lassen.
3. Für die Käsemasse die Eier trennen. Das Eigelb zusammen mit dem Zucker schaumig rühren.
4. Den Quark mit einem Schneebesen unterheben. Die Milch und das gesiebte Mehl einrühren.
5. Das Eiweiß steif schlagen und unter die Käsemasse heben. Den Backofen auf 250 °C vorheizen und eine Springform (26 cm) leicht fetten.
6. Den Hefeteig dünn ausrollen und in die Springform legen. Die Pfirsiche abtropfen lassen, in Spalten schneiden und auf dem Kuchenboden verteilen. Die Käsemasse darüber gießen.
7. Den Pfirsichkäsekuchen zunächst 10 Minuten bei 250 °C und anschließend etwa 50 Minuten bei 180 °C auf der unteren Schiene des Ofens backen.

Zuckerkuchen

Ergibt 20 Stücke
Zubereitungszeit: ca. 20 Minuten
Backzeit: ca. 45 Minuten
Gehzeit: ca. 1 1/2 Stunden
ca. 200 kcal · 1 g Fett · 5%

250 ml Milch (1,5% F.)
500 g Mehl
25 g Hefe
280 g Zucker
100 ml Joghurt (1,5% F.)
1 Päckchen Bourbon-Vanillezucker
1 Fläschchen Butteraroma
1 Prise Salz
200 g Cornflakes
50 g grob geschrotetes Vollkornmehl

1. Die Milch auf Körpertemperatur erwärmen. 100 g von dem Mehl in eine Schüssel geben, die Hefe darüber bröckeln, 80 g von dem Zucker und die warme Milch zugeben und miteinander verrühren. Alles zugedeckt 30 Minuten an einem warmen Plätzchen stehen lassen.
2. Den Vorteig mit dem restlichen Mehl, dem Joghurt, dem Bourbon-Vanillezucker, ein bisschen von dem Butteraroma und dem Salz zu einem Teig verkneten, zudecken, an einen warmen Ort stellen und 1 Stunde gehen lassen.
3. Das Backblech mit Backpapier auslegen und den Backofen auf 170 °C vorheizen.

Brioches

4. Den Teig mit etwas Mehl zu einer nicht mehr klebrigen Kugel formen und auf dem Backpapier verteilen.
5. Den restlichen Zucker, das Butteraroma, die Cornflakes und das grobe Vollkornmehl miteinander verrühren und über dem Hefeteig verkrümeln.
6. Den Kuchen 45 Minuten auf mittlerer Schiene backen.

VARIATION:
Vielleicht schmeckt Ihnen der Kuchen noch besser, wenn Sie 200 g Rosinen oder anderes Trockenobst, in Wasser vorgeweicht, am Schluss unter den Teig rühren.

Brioches

Ergibt 20 Stücke
Zubereitungszeit: ca. 30 Minuten
Gehzeit: ca. 2 1/2 Stunden
Backzeit: ca. 20 Minuten
ca. 160 kcal · 5 g Fett · 29 %

125 ml Milch (1,5 % F.)
30 g Hefe
500 g Mehl
60 g Zucker
3 Eier
50 g Butter
1 Päckchen Citroback
150 g Joghurt (1,5 % F.)

1. Die Milch auf Körpertemperatur erwärmen und die Hefe darin auflösen.
2. 1/3 des Mehls zusammen mit dem Zucker, 3 Eiweiß, 2 Eigelb, der Butter, der Milch und Hefe verrühren. 1/2 Stunde an einem warmen Ort zugedeckt stehen lassen.
3. Den Teig mit dem restlichen Mehl, dem Citroback und dem Joghurt (zimmerwarm!) gut verkneten und nochmals 2 Stunden gehen lassen.
4. Den Backofen auf 180 °C vorheizen und das Backblech mit Backpapier belegen.
5. 20 gleichgroße Kugeln formen, mit dem restlichen Eigelb bestreichen, auf dem Backpapier nochmals kurz gehen lassen und dann auf mittlerer Schiene 20 Minuten backen.

Strudelteig Grundrezept

Für 1 großen Strudel / etwa 12 Stück
Zubereitungszeit: ca. 15 Minuten
Ruhezeit: ca. 30 Minuten
ca. 80 kcal (pro Stück) · 3 g Fett · 34 %

200 g Mehl
1 Prise Salz
5 EL Wasser
3 EL Speiseöl

1. In einem Metalltopf Wasser zum Kochen bringen, das Wasser abgießen, auf den Boden ein Stück Backpapier legen und den Deckel auflegen.
2. Alle Zutaten zuerst mit der Maschine durchkneten, dann von Hand so lange kneten, bis der Teig eine feste, elastische Konsistenz hat.
3. Die Kugel auf das Backpapier in den Topf legen, den Topfdeckel auf den Topf setzen und den Teig 30 Minuten ruhen lassen.
4. Die Kugel zügig auf einer glatten, leicht bemehlten Kunststoffplatte ausrollen und auseinanderziehen. Je weniger Mehl Sie zum Ausrollen benötigen, um so elastischer bleibt der Teig und umso dünner können Sie ihn verarbeiten.
5. Den fertigen Teig auf ein Stofftuch legen, mit der Füllung belegen und mit Hilfe des Stofftuches zusammenrollen.

TIPP:
Wie Sie sehen, liegt der Strudelteig etwas über 30 % Fettkalorien. Sobald Sie jedoch den Strudel mit Obst füllen, können wir grünes Licht geben!

Topfenstrudel

Für 8 Personen
Zubereitungszeit: ca. 45 Minuten
Ruhezeit: ca. 30 Minuten
Backzeit: ca. 1 1/4 Stunden
ca. 633 kcal · 21 g Fett · 30 %

2 Strudelteig-Grundrezepte (siehe links)
1 kg Vanillequark
1 Päckchen Vanillepuddingpulver
500 ml Milch (1,5 % F.)
3 EL Grieß
1 EL Margarine zum Einfetten der Form
100 g Rosinen
30 g gestiftete Mandeln
150 ml Sahne (30 % F.)

1. Den Strudelteig nach dem Grundrezept zubereiten und ruhen lassen.
2. In der Zwischenzeit den Vanillequark mit dem Puddingpulver, der Milch und dem Grieß gut verrühren.
3. Den Backofen auf 170 °C vorheizen. Einen mittelgroßen, rechteckigen Metallbräter mit hohem Rand (ca. 5 cm) mit der Margarine dünn auspinseln.
4. Die Hälfte des Strudelteiges so dünn wie möglich ausrollen, in die Terrinenform legen und den Boden und die langen Seitenränder abdecken.
5. 4 Suppenkellen Quarkmasse auf dem Boden verteilen, eine Handvoll Rosinen und ein paar gestiftete Mandeln darüber streuen.
6. Den 2. Teig ebenfalls dünn ausrollen und in 2–3 Teigplatten teilen. Eine der Platten über die Quarkfüllung legen. Schichtweise nun die restliche Quarkmasse, die Rosinen und Mandeln sowie die Strudelteigplatten darüber legen. Mit Quarkmasse aufhören.
7. Die Seitenränder des 1. Teiges zuklappen und zusammendrücken. Die süße Sahne darüber gießen und den Zucker darüber streuen.
8. Den Strudel 1 1/4 Stunden auf unterer Schiene schön braun backen, aber keinesfalls verbrennen. Wenn der Strudel zu dunkel zu werden droht, einfach mit einem Stück Backpapier abdecken.
(auf dem Foto)

TIPP:
Dazu schmeckt Pflaumenkompott.

Aprikosen-Quark-Strudel

Ergibt 12 Stücke
Zubereitungszeit: ca. 30 Minuten
Backzeit: ca. 45 Minuten
Ruhezeit: ca. 30 Minuten
ca. 220 kcal · 5 g Fett · 21 %

1 ½ Strudelteig
Grundrezepte (Seite 64)
300 g Aprikosen (Dose)
125 g Zucker
300 g Magerquark (0,2 % F.)
50 g Weizengrieß
1 Fläschchen Rumaroma
1 Päckchen Vanillepuddingpulver
20 g Butter
1 TL gemahlener Zimt

1. Den Strudelteig nach dem Grundrezept zubereiten und ruhen lassen.
2. In der Zwischenzeit die Aprikosen waschen, entkernen und vierteln.
3. Von der Zuckermenge 1 Esslöffel Zucker zurückbehalten und den restlichen Zucker mit dem Quark verrühren.
4. Den Grieß, das Rumaroma und das Puddingpulver verrühren, kurz stehen lassen, dann mit den Aprikosenstückchen und Quark verrühren.
5. Den Teig ganz dünn ausrollen, die Butter zerlassen und auf dem Teig verstreichen. Den Esslöffel Zucker mit dem Zimt mischen und über die Butter pudern.
6. Den Backofen auf 170 °C vorheizen und eine Kastenform mit Backpapier auslegen.
7. Die Quark-Aprikosenmasse gleichmäßig auf dem Teig verstreichen, dabei aber an einer Seite einen Rand von etwa 2 cm lassen.
8. Von der randlosen Seite her den Teig aufrollen, vorsichtig in die Kastenform heben. Den Strudel 45 Minuten auf mittlerer Schiene backen.

Apfelstrudel

Ergibt 12 Stücke
Zubereitungszeit: ca. 40 Minuten
Ruhezeit: ca. 30 Minuten
Backzeit: ca. 45 Minuten
ca. 170 kcal · 5 g Fett · 27 %

1 ½ Strudelteig
Grundrezepte (Seite 64)
400 g Äpfel
2 EL Butter
75 g Zucker
2 TL Zimt
100 g Sultaninen
30 g Mandeln, gestiftet

1. Den Strudelteig nach dem Grundrezept zubereiten und ruhen lassen.
2. In der Zwischenzeit die Äpfel schälen, entkernen und in feine Schnitze schneiden.
3. Den Backofen auf 170 °C vorheizen und ein Backblech mit Backpapier belegen.
4. Den Teig dünn ausrollen, die Butter zerlassen und auf dem Teig verstreichen. Den Zucker, Zimt, die Sultaninen und Mandeln auf die Teigplatte streuen.
5. Die Äpfel auf dem Teig verteilen, den Strudel zusammenrollen, auf ein Backblech heben und 45 Minuten auf mittlerer Schiene backen.
(auf dem Foto)

TIPP:
Es kann für Sie einfacher sein, wenn Sie aus dem Teig zwei kleine Strudel machen.

Rhabarberkuchen

Ergibt 20 Stücke
Zubereitungszeit: ca. 20 Minuten
Backzeit: ca. 30 Minuten
ca. 100 kcal · 2 g Fett · 18 %

2 Eier
250 g Zucker
500 g Rhabarber
150 g Vollkornmehl
150 g Joghurt (1,5 % F.)
200 ml saure Sahne (10 %)
1 Päckchen Citroback
1 TL Zimt

1. Die Eier trennen und das Eiweiß steif schlagen. Das Eigelb mit der Hälfte des Zuckers schaumig rühren.
2. Den Rhabarber schälen und in ca. 1/2 cm schmale Streifen schneiden. Den Backofen auf 180 °C vorheizen und das Backblech mit Backpapier auslegen.
3. Das Mehl und den Joghurt unter die Eigelbmasse rühren und das Eiweiß vollständig unterheben.
4. Den Teig auf dem Backblech gleichmäßig verstreichen und die Streifen Rhabarber auf dem Teig verteilen.
5. Die saure Sahne mit dem Citroback verrühren und über den Rhabarber gießen.
6. Den Zimt mit dem restlichen Zucker vermischen und auf dem Rahm verteilen.
7. Den Kuchen ca. 30 Minuten auf mittlerer Schiene backen. Vor dem Servieren in Rauten schneiden.

Kokosnuss-Traum

Ergibt 12 Stücke
Zubereitungszeit: ca. 45 Minuten
Backzeit: ca. 50 Minuten
ca. 280 kcal · 7 g Fett · 20 %

Für die Streusel:
1 EL Zucker
1/2 TL Citroback
1 EL gehackte Mandeln
1 EL Kokosraspel

Für den Teig:
3 Eier
320 g Zucker
180 ml Buttermilch
130 g Joghurt (1,5 % F.)
1 Päckchen Bourbon-Vanillezucker
1/4 TL Salz
2 TL Backpulver
1/2 TL Natron
280 g Mehl

Für die Glasur:
2 EL Puderzucker
470 g Sahne (30 % F.)
30 g Kokosraspel

1. Für die Streusel alle Zutaten in einer Schüssel verrühren. Den Backofen auf 180 °C vorheizen und eine Springform (Ø 26 cm) mit Backpapier auslegen.
2. Für den Teig die Eier trennen und das Eiweiß steif schlagen. Den Zucker mit dem Eigelb schaumig schlagen. Die Butter zerlassen und ebenfalls einrühren.
3. Die Buttermilch, den Joghurt und Vanillezucker zufügen. Die restlichen Zutaten nacheinander zugeben und gut miteinander verrühren.
4. Den Eischnee unterheben und den Teig in die Springform gießen und glattstreichen.
5. Die Streusel darüber krümeln und auf der mittleren Schiene ca. 50 Minuten backen.
6. Für die Glasur den Puderzucker in eine Schüssel sieben. Die Sahne dazugeben und alles zu einer cremigen Masse schlagen. Den Kuchen damit bestreichen und die Kokosraspel darüber streuen. (auf dem Foto)

Schneller Pfirsichkuchen

Ergibt 12 Stücke
Zubereitungszeit: ca. 20 Minuten
Wartezeit: ca. 1 Stunde
ca. 120 kcal · 1 g Fett · 8 %

850 g Pfirsiche (Dose)
15 Löffelbiskuits
90 g Zucker
1 Päckchen Vanillepuddingpulver
500 ml Milch (1,5 % F.)
1 Päckchen klarer Tortenguss

1. Den Springformboden mit Backpapier einhüllen und diesen in der Form einspannen.
2. Die Pfirsiche abtropfen lassen. Die Löffelbiskuits kurz in den Pfirsichsaft stippen und auf den Springformboden (dicht bei dicht und die „Zuckerseite" nach unten) verteilen. Die Löffelbiskuits ruhig ein bisschen quetschen, das soll schließlich ein Tortenboden werden.
3. Von dem Zucker 2 Esslöffel für den Tortenguss beiseite stellen. Aus dem restlichen Zucker, dem Puddingpulver und der Milch nach Packungsanleitung einen Pudding herstellen und auf dem Kuchenboden verteilen.
4. Die Pfirsichhälften von der Mitte aus beginnend auf dem Kuchen verteilen. Aus den 2 Esslöffeln Zucker und dem Tortenguss einen Tortenguss herstellen und die Pfirsiche damit bestreichen. Die Torte mindestens 1 Stunde in den Kühlschrank stellen.

Kirsch-Schoko-Kuchen

Ergibt 20 Stücke
Zubereitungszeit: ca. 20 Minuten
Backzeit: ca. 15 Minuten
ca. 120 kcal · 3 g Fett · 23 %

2 Eier
90 g Buchweizenmehl
60 g Weizenmehl
1 TL Backpulver
125 g Zucker
100 g geriebene Bitterschokolade
1 gehäufter EL Kakaopulver
1 TL Zimt
150 g Joghurt (1,5 % F.)
500 g Süßkirschen (Glas)

1. Den Backofen auf 180 °C vorheizen und das Backblech mit Backpapier belegen. Die Eier trennen und das Eiweiß steif schlagen. Die Mehle mit dem Backpulver mischen.
2. Das Eigelb mit dem Zucker schaumig rühren. Nach und nach die Bitterschokolade, das Kakaopulver, die Mehl-Backpulver-Mischung, den Zimt und den Joghurt zugeben.
3. Das Eiweiß vollständig unterheben. Den Teig auf dem Backpapier gleichmäßig verstreichen und die Kirschen auf dem Teig verteilen.
4. Den Kuchen ca. 20 Minuten auf mittlerer Schiene backen und auskühlen lassen. Vor dem Servieren in Rauten schneiden.
(auf dem Foto)

VARIATION:
Bestäuben Sie den ausgekühlten Kuchen mit Puderzucker.

LOW FETT 30-Tabelle

Lebensmittel, Menge (essbarer Anteil)	Energie in kcal	Fett in g	Fett-kalorien in %
Brot und Brötchen (1 Scheibe oder 1 Stück)			
Baguette, 50 g	126	1	7
Toastbrot, 50 g	130	2	14
Weißmehlbrötchen, 50 g	136	1	7
Weißbrot mit Rosinen, 50 g	122	1	7
Weizenvollkornbrötchen mit Sonnenblumenkernen, 50 g	239	4	15
Vollkornbrötchen, 50 g	134	1	7
Roggenvollkornbrot, 50 g	96	1	9
Mehrkornbrötchen, 60 g	140	1	6
Graubrot mit Sonnenblumenkernen, 50 g	118	2	15
Knäckebrot Knusperleicht, 6 g	23	0	0
Knäckebrot mit Sesam, 13 g	51	1	17
Zwieback, 100 g	395	6	13
Pumpernickel, 40 g	75	0,4	5
Vollkornzwieback, 100 g	359	6	15
Müsli und Cerealien (1 Portion)			
Haferflocken, 30 g	106	2	17
Basis Müsli, 30 g	121	2	15
Bircher Müsli, 30 g	108	3	25
Früchte Müsli, 30 g	102	2	18
Cornflakes, 30 g	110	+	+
Smacks, 30 g	113	+	+
Crunchy Nut, 30 g	116	1	8
Chocos, 30 g	113	1	8
Schokomüsli, 30 g	112	3	24
Kölln Knusper Flakes Müsli Schoko, 30 g	125	3,5	25

Lebensmittel, Menge (essbarer Anteil)	Energie in kcal	Fett in g	Fett-kalorien in %
Milch, Milchprodukte (1 Glas oder 1 Becher)			
Milch, entrahmt (0,3% F.), 200 ml	72	0	0
Milch, fettarm (1,5% F.), 200 ml	98	3	28
Buttermilch, 200 ml	78	1	12
Kakaotrunk (1,5 % F.), 200 ml	122	3	22
Kefir, 200 ml	75	1	12
Joghurt, entrahmt (0,3% F.), 150 g	47	0	0
Joghurt, fettarm (1,5% F.), 150 g	76	2	24
Fruchtjoghurt, fettarm (1,5% F.), 150 g	145	2	12
Quark, mager (0,2% F. i. Tr.), 100 g	76	0	0
Buttermilch, 200 ml	78	1	12
Molke, 200 ml	54	1	17
Harzer, 30 g	38	0	0
Eier			
Ei, Gewichtsklasse M, 60 g	92	7	68
Eiweiß von einem Ei, 35 g	17	0	0
Frisches Obst und Obstkonserven haben wenig oder gar kein Fett.			
Eis (1 Portion oder 1 Stück)			
Eiscreme, 1 Portion, 75 g	120	3	23
Fruchteis, 1 Portion, 75 g	105	1	9
Milcheis, 1 Portion, 75 g	95	2	19
Langnese Calippo Zitrone/Erdbeer, 1 Stück	110	0	0
Langnese Fresh Joghurt Kirsche, 1 Stück	175	5	26
Langnese Capri, 1 Stück	55	0	0
Langnese Blizz Cola, 1 Stück	85	0	0
Softeis, 1 Portion, 50 g	65	1	21

Lebensmittel, Menge (essbarer Anteil)	Energie in kcal	Fett in g	Fett-kalorien in %
Süßspeisen, Desserts und Dessertsaucen (1 Portion)			
Buttermilchgelee mit Vanillesauce, 125 g	185	3	15
Fruchtjoghurt (1,5% F.), 150 g	145	2	12
Fertiger Vanillepudding im Becher, 125 g	130	4	28
Fertiger Schokoladenpudding im Becher, 125 g	160	4	23
Fertige Rote Grütze light im Becher, 165 g	100	2	18
Fruchtreis, 75 g	105	1	9
Gezuckertes Beerenobst, 100 g	80	0	0
Grießflammerie mit Saft, 125 g	125	3	22
Kirschenmichel, 300 g	555	17	28
Kompott aus frischem Obst, 125 g	100	0	0
Körniger Frischkäse mit Apfel (20% F. i. Tr.), 100 g	140	4	26
Müller Milchreis Schoko, 200 g	228	5	20
Nestle LC 1 mit Frucht, 150 g	135	4	27
Obstsalat, selbst hergest., 125 g	115	0	0
Pudding, sturzfähig, mit Schokoladensauce, 125 g	200	6	27
Quarkcreme mit Früchten, 125 g	155	2	12
Reis Trautmannsdorf, 125-150 g	330	7	20
Schokoladen- und Vanilleflammeri, 125 g	160	5	30
Vanillecreme, 125 g	190	4	19
Dessertsaucen			
Saucenpulver zum Kochen, Frucht, nach Anleitung zubereitet, 125 ml	105	0	0
Karamelsauce, selbst hergest., 1 Portion, 60 ml	95	3	28
Weinschaumsauce, selbst hergest., 1 Portion, 60 ml	120	2	15
Instant-Saucenpulver ohne Kochen, Schoko/Vanille, nach Anleitung zubereitet, 125 ml	125	4	29
Fertig-Dessert-Sauce, Frucht, 1 Portion, 60 ml	120	0	0
Fertig-Dessert-Sauce, Mokka/Schoko, 1 Portion, 60 ml	90	0	0

Lebensmittel, Menge (essbarer Anteil)	Energie in kcal	Fett in g	Fett-kalorien in %
Kuchen und Torten (1 Stück)			
Apfelkuchen (Hefeteig), 100 g	140	3	20
Tiefkühl-Apfeltasche, 1 Stück	215	6	25
Apfelstrudel, 150 g	235	7	27
Englischer Früchtekuchen, 50 g	175	5	26
Hefezopf mit Rosinen, 70 g	220	6	25
Honigkuchen, 70 g	235	3	12
Obstkuchen (Hefeteig vom Blech), 100 g	170	4	22
Tortenboden, Biskuit, 200 g	640	8	12
Gebäck (1 Stück)			
Brandt Kokos Zwieback, 20 g	84	2	21
Brandt Schoko Zwieback, 20 g	91	3	30
Knusperreisscheiben, 100 g	376	3	7
Hefeteilchen mit Zuckerguss, 75 g	235	5	20
Rosinenschnecke, 65 g	180	4	20
Plätzchen (1 Stück)			
Anisplätzchen, 10 g	45	0	0
Baiser, 25 g	110	0	0
Dominosteine, 12 g	55	2	33
Elisenlebkuchen, 40 g	165	5	28
Lebkuchenherzen, 1 Tüte, 150 g	593	17	26
Löffelbiskuit, 5 g	20	0	0
Nürnberger Lebkuchen, 40 g	165	5	28
Pfeffernüsse, 6 g	20	0	0
Pfefferkuchen, 10 g	38	1	24
Pflastersteine, 12 g	46	1	20
Russisch Brot (Buchstabengebäck) 5 g	15	0	0
Zimtsterne, 15 g	60	2	30

Lebensmittel, Menge (essbarer Anteil)	Energie in kcal	Fett in g	Fett-kalorien in %
Süßigkeiten			
After Eight, 8 g	45	1	20
Bonbon, 1 Stück, 5 g	20	0	0
Rumkugeln, 20 g	80	2	23
Corny Müsliriegel fruchtig herb, 25 g	104	3	26
Fruchtgummi, 100 g	340	0	0
Geleefrüchte, 50 g	170	0	0
Gummibärchen, 1 Stück, 2 g	7	0	0
Haribo Color-Rado, 100 g	342	2	5
Haribo Konfekt, 100 g	354	3	8
Kaugummi, 1 Streifen, 3,3 g	10	0	0
Krokant, 100 g	451	12	24
Karamellbonbon, 7 g	27	0	0
Lakritz, 100 g	375	1	2
Marshmallows, 1 Stück	23	0	0
Nimm 2, 1 Stück	25	0	0
Mars-Schokoriegel, 60 g	275	11	36
Saure Pommes, 100 g	340	0	0
„Super“ Schaumküsse, 1 Stück	105	3	26
Balisto-Riegel, Schoko-Trauben, 100 g	520	29	51
Sarotti Weiße Crisp, 1 Stück, 6 g	30	1	30
Kinderschokolade, 1 Riegel, 12,5 g	75	4	48
Weiße Mäuse, 50 g	175	0	0
Kinder Happy Hippo Snack, 1 Stück, 25 g	140	10	65
Werther's Echte, 1 Stück	23	0	0
Brotaufstriche			
Konfitüren, Marmeladen und Sirups (auch Honig) enthalten wenig oder gar kein Fett.			

Lebensmittel, Menge (essbarer Anteil)	Energie in kcal	Fett in g	Fett-kalorien in %
Backzutaten			
Backaroma, 1 Fläschchen, 2 ml	4	0	0
Backoblaten, 1 Stück	1	0	0
Backpulver, 17 g	15	0	0
Hausnatron	0	0	0
Hefe, 1 Würfel, 42 g	35	1	26
Orangeat, 100 g	305	1	3
Speisestärke (Maisstärke), 20 g	70	0	0
Tortenguss, klar und rot, 13 g	40	0	0
Tortenguss mit Zucker, klar und rot, 20 g	70	0	0
Zucker, 125 g	500	0	0
Zitronat, 100 g	285	1	3
Alkoholfreie Getränke (1 Glas oder 1 Tasse)			
Bitterlemon/Limonaden, 200 ml	40–120	0	0
Fruchtsäfte, 200 ml	55–140	0	0
Gemüsesäfte, ohne Sojamilch, 200 ml	25–75	0	0
Kaffee/Getreidekaffee/Tee ohne Milch und Zucker	0	0	0
Kaffee/Getreidekaffee/Tee mit Milch (1,5% F.), 125 ml	10	0,25	23
Kakao mit Milch (1,5% F.), 200 ml	105	3	26
Mineral-/Trink-/Tafel-/Heil-/Quellwasser	0	0	0
Alkoholische Getränke			
Apfelwein, 200 ml	132	0	0
Bier mit Limonade (Radler), 200 ml	85	0	0
Berliner Weiße mit Schuss, 250 ml	133	0	0
Eierlikör (20 Vol. %), 2 cl	57	1	16
Weißwein, lieblich, 125 ml	123	0	0

Rezeptverzeichnis

Register

Im FALKEN Verlag sind zahlreiche Titel zum Thema „LOW FAT 30“ erschienen.
Bitte fragen Sie überall dort, wo es Bücher gibt.

Sie finden uns im Internet: **www.falken.de**

Dieses Buch wurde auf chlorfrei gebleichtem und säurefreiem Papier gedruckt.

Der Text dieses Buches entspricht den Regeln der neuen deutschen Rechtschreibung.

ISBN 3 8068 2517 3

Umschlaggestaltung: Peter Udo Pinzer
Gestaltung: Horst Bachmann
Redaktion: Elly Lämmlen, Gisela Pohlkemper
Herstellung: Harald Kraft
Umschlagfoto: Klaus Arras, Köln
Fotos: Fotostudio R. Schmitz, München: S. 18/19, 21, 27, 29, 31, 35, 39, 41, 43, 45, 47, 49, 51, 55, 57, 61, 63, 65, 67, 71; **FALKEN Archiv**, Niedernhausen: S. 30, 33, 37, 70 (M. Brauner); S. 1, 34 (W. Feiler); S. 4 oben (Harms); S. 5 (Kienitz & Grabis); S. 11, 14, 21, 23, 25, 26, 69, 78, 79 (U. Kopp); S. 17 (Schwarz); S. 4, 13, 16, 22, 32, 36, 48, 53, 59 (TLC)

Satz: Alois Winter Werbung & Herstellung, Wiesbaden
Druck: Appl, Wemding

817 2635 4453 6271